과학어휘 천재라면

과학 어휘 천재라면

글 박정란, 서재인 | **그림** 김기수 | **펜터치** 원고
펴낸날 2026년 1월 5일 초판 1쇄, 2026년 1월 30일 2쇄
펴낸이 위혜정, 윤기홍 | **기획·편집** 스토리콘 | **사진** shutterstock
디자인 김송이 | **외주 디자인** 권규빈
펴낸곳 따끈따끈책방㈜ | **주소** 서울특별시 마포구 양화로186 LC타워 604호
전화 070-8210-0523 | **팩스** 02-6455-8386 | **메일** chucreambook@naver.com
출판등록 제2023-000176호

ISBN 979-11-24223-03-1 77400

슈크림북
instagram.com/chucreambook
슈크림북은 따끈따끈책방㈜의 아동 출판 브랜드입니다.

글 박정란 서재인 그림 김기수
감수 옥효진

과학 어휘 천재라면

과학 어휘 완전 정복!

재시험을 통과하라!

슈크림북

이 책에 들어가기 전에

과학 어휘를 공부해야 하는 이유

과학 어휘는 반드시 따로 공부해야 합니다. 왜냐하면 우리가 일상적으로 쓰는 어휘와 다른 뜻을 가진 경우가 많고 낯선 한자어가 많이 쓰이기 때문입니다. '힘'을 예로 든다면, 일상적으로 힘은 '힘이 세다', '힘을 합치다'처럼 근육 작용이나 능력 등을 뜻하지만, 과학에서는 '물체의 운동 상태를 변화시키는 물리적 작용'을 의미합니다. '기압', '증발', '전기', '천체' 등 한자로 된 어휘들은 공부하고도 금방 헷갈릴 정도로 알쏭달쏭하지요.

그래서 과학 어휘는 단순 암기에 그치는 것이 아니라 그 의미를 제대로 알아야 합니다. 과학은 재미있는 실험 덕분에 초등학생들이 가장 좋아하는 과목으로 꼽히지만, 중학교에 올라가면 가장 싫어하는 과목 중 하나로 변합니다. 어려운 과학 어휘와 내용 때문에 학생들이 거리감을 느끼고 흥미를 잃기 때문입니다. 전문 용어가 많은 과학 과목의 특성상, 어휘를 제대로 알고 있어야 교과서의 설명을 쉽게 이해하고 수업 내용을 잘 따라갈 수 있습니다. 바로 학업 성취도, 지속적인 학습 의지와 직결되는 문제지요.

이 책은 초등학교 3~6학년 과학 교과서에 나오는 중요 과학 어휘를 가려 뽑았습니다. 그리고 생명과학, 화학, 지구과학, 물리 총 4개 영역으로 관련 내용들끼리 따로 묶어 어휘 학습의 일관성, 효율성을 높였습니다. 또한, 저마다 이름과 어울리는 개성을 가진 라면 친구들의 일상 스토리에 자연스럽게 녹여 어렵고 생소한 과학 어휘들을 즐기면서 익힐 수 있게 했지요.

입체적인 캐릭터, 체계적인 구성, 흥미진진한 스토리로 초등 과학 어휘 100개 완전 마스터!

"내가 ~라면?", "만약 ~라면?" 상상을 현실로 만드는 매력 통통 라면 친구들! 함께라면 팀은 천재라면 대회에서 우승하지만, 시험 성적이 엉망인 순한맛이 재시험을 통과해야만 매직 누들 페스티벌에 참석할 수 있게 됩니다.

첫 번째 준비 과목은 과학! 자석의 S극과 N극처럼 서로를 끌어당기는 매력적인 라면 친구들과 함께 초등 과학 필수 어휘 100개를 쉽고 재미있게 배워 봐요!

캐릭터 소개

매운맛

성격 무엇이든 1등을 해야 직성이 풀리는 완벽주의자!

좋아하는 것 계획 세우기, 그리고 그 계획 지키기!

특징 그라데이션 분노.

순한맛

성격 좋게 말하면 순둥순둥, 나쁘게 말하면 흐리멍덩한 구석이 있다. 촉촉한 눈망울이 포인트!

좋아하는 것 낮잠, 아무것도 안 하기, 칭찬.

특징 매운맛과 함께라면 어떤 공부도 두렵지 않은 성장형 캐릭터.

컵라면

취미/특기 3분 맞추기.

특징 삼각 김밥의 단짝이자 매운맛의 라이벌. 똑똑하고 자존심이 세며 승부욕이 강하다.

삼각 김밥

취미/특기 전자레인지에서 몸 데우기.

특징 남을 골탕 먹이는 일에 잔꾀를 잘 쓴다. 자주 하는 말은 "참지(치) 마…요."

짜장

어두운 곳에서는 잘 안 보인다. 그래서 "짜장(잔)!" 하고 나타나 놀라게 하는 걸 좋아한다.

부셔부셔

알고 보면 과자지만, 자신이 라면이라고 철석같이 믿고 있다. 거울을 보고 "눈이 너무 부셔! 부셔!" 하고 감탄하는 게 일상.

너굴

짜장과 단짝. 오동통 귀엽고 다정하다.

비빔이

새콤달콤 다양한 매력을 지녔다.

나라면 더먹으리 마을 사람들

김치 할아버지

마을의 최고 웃어른.

달걀이

반숙과 완숙을 왔다 갔다 하는 중2병 소녀.

파 삼촌

썰렁한 개그를 잘하는 이웃 삼촌.

차례

3화 지지고 볶는 지구과학

컵라면이 무서워!

4화 물오른 물리

우린 자석의 S극과 N극이야!

괄호 안에 들어갈 과학 어휘 **체크 체크**!

생물의 분류에서 버섯은 (   )에 속한다.

☐ 동물

☐ 식물

☐ 균류

1화

생생 생명과학

엉망인 성적표

동물과 식물

아오,
성적이 국어 빼고
다 엉망이야!
그건 좀…
말이 심한 것
같은데?
심한 건
네 점수겠지!
특히 과학!
버럭
당장
과학 공부부터
시작해야겠어.
꾸깃
벌써?
대회 끝나자마자
이렇게 바로?
방학 전에 재시험
보려면 1분 1초가 급해!
질질질..
과학도 해야 하고,
사회도 해야 하고!
얼른 따라와~!

우아, 저 꽃 되게 예쁘다!
지금 이 상황에 꽃이 눈에 들어와?
활짝
꽃은 좋겠다~. 공부 안 해도 되고, 시험도 안 봐도 되고.
쿵~
식물은 움직이지도 못하는데, 뭐가 부러워?
빨리 가자니까, 꽃은 또 왜 꺾어?
자, 잠깐만!
뚜둑

응?
왜 자꾸 벌이
따라오지?
벌은 꽃을 찾아
움직이는 **동물**이니까
그렇지!
윙윙
엇,
저리 가~!
휙
휙
휙!
근데
이상하다.
윙~
윙~
난 꽃도 안 들고
있는데 벌이 자꾸
내 주위를 맴도네? 내가
꽃인 줄 아나~?
아,
진짜 꽃 때문인 것
같은데?
휙!
벌은 꽃을 찾아
움직이는 동물 맞네.
근데 벌이 동물이야?
곤충이 아니고?
픕
조용히 해라.

매운맛 강의 노트

살아 숨 쉬는 모든 것이 생물이야!

생물은 생명을 가지고 스스로 살아가는 물체야. 생물과 달리 생명이 없는 물체는 무생물이라고 해. 돌, 물, 흙, 로봇, 자동차 등이 모두 무생물이지.

생물은 일반적으로 동물, 식물, 균류, 원생생물, 원핵생물로 나뉘어. 그중에서 **동물**은 움직일 수 있고 다른 생물을 먹고 살며, 크게 등뼈(척추)가 있는 척추동물과 등뼈가 없는 무척추동물로 나눌 수 있어.

척추동물

포유류	조류	파충류	어류	양서류
사람, 개, 말, 호랑이 등	새	뱀, 도마뱀 등	물고기	개구리, 도롱뇽 등

무척추동물

절지동물	연체동물	자포동물	극피동물	환형동물
갑각류, 곤충류, 거미류, 다지류	조개, 달팽이, 오징어 등	해파리, 산호, 말미잘 등	불가사리, 성게 등	거머리, 지렁이 등

식물은 움직일 수 없고, 스스로 양분을 만들어 살아가. 꽃, 나무, 풀, 이끼 등이 있어.

세포

하아, 과학은 어려워서 공부하기 싫어.
에휴~
지금 누구 때문에 이 고생인데!
그, 그래? 정 어려우면 살짝 복습해 볼까?
동물과 식물의 가장 큰 차이점은 뭘까~?
찡긋!
방금 공부했으니까 이건 알겠지?
당당!
음, 전혀 모르겠어!
하아아...
생각도 안 하고 답하지 마!
동물은 움직일 수 있고, 식물은 움직일 수 없다고 했잖아!
...
휙

매운맛 강의 노트

생물은 세포로 이루어져 있어!

세포는 생물의 몸을 이루고 생명 활동이 일어나는 가장 작은 단위야. 지구에 사는 모든 생물은 세포로 이루어져 있어. 예를 들어, 인간의 세포 수는 약 30조~40조 개로 추정돼. 이처럼 대부분의 생물은 블록처럼 수많은 세포가 모여서 이루어져 있지만, 세균이나 아메바처럼 하나의 세포로 이루어진 생물도 있어.

한번 죽은 뇌세포는 되살리기 힘들대.

공부를 하면 뇌세포가 자극돼서 더 똑똑해져!

균류

퀴즈
하나 더!
좋아,
준비됐어!
버섯은 동물일까,
식물일까?
나?
하! 나를
바보로 아는 거야?
당연히 식물이지.
그리고….
뒤적
이 안에
버섯 있다!
자신만만!
짠!
수프
땡!
훗
?!
수프

그럼, 동물?
설마…
…
땡~!
둘 다 아니라고?
그런 게 어딨어!
뾰로통
그런 게
여기 있지!
후후
안녕?
식물도
동물도 아니면 뭐,
라면이야?
수프

버섯은 식물도 동물도 아닌 균류야.
균류?
응, 곰팡이도 균류에 속해.
깜짝!
뭐라고?
'세균' 할 때 균? 그럼 버섯도 세균이라는 거야?
어질..
땡!
균류 ≠ 세균
잘 기억해 둬! 균류는 세균이랑 전혀 달라.
균류가 뭐냐면!
으쓱
얘들아, 저녁 먹자!
네~!
쌩~!
말도 안 끝났는데 어딜 가!

매운맛 강의 노트

버섯과 곰팡이는 모두 균류!

생물은 일반적으로 동물, 식물, 균류, 원생생물, 원핵생물로 나뉜다고 했지? 이번엔 균류에 대해 알아볼 거야. 식물은 스스로 양분을 만들 수 있지만 **균류**는 죽은 생물을 분해하거나 다른 생물데 기대어 양분을 얻어서 살아가. 버섯, 곰팡이, 효모 등이 대표적 균류야. 균루는 어두우면서 습기가 많고 온도가 높은 곳을 좋아해.

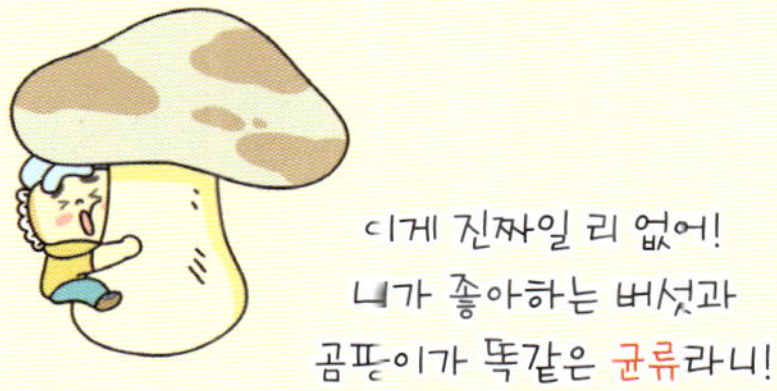

수많은 생명을 살린 곰팡이

곰팡이를 너무 싫어하지는 마. 많은 곰팡이들이 인간의 건강에 문제를 일으키기도 하지만 이로운 곰팡이도 있거든. 옛날에는 많은 사람이 세균 때문에 목숨을 잃었어. 그런데 영국의 과학자 플레밍이 푸른곰팡이를 이용하여 세균을 억제하는 페니실린이라는 물질을 만들어 수많은 사람의 목숨을 구했지.
또 몇몇 곰팡이는 된장, 치즈 등을 만들 때도 쓰여.
균류의 이로움은 이뿐만이 아니야. 버섯이 맛있는 건 말할 것도 없고, 라면의 영원한 짝꿍 김치도 균류인 효모 덕분에 맛을 낸다고!

원핵생물과 원생생물

손은 씻었어?
에이, 이것 봐. 깨끗한데 뭘~.
으이구, 세균은 현미경으로 봐야 할 정도로 크기가 작아서 우리 눈엔 안 보인다고! 당장 씻고 와!
근데 너희 어머니, 여전히 손이 크시구나!
어때? 이제 세균 한 마리도 없지?
내가 눈에 안 보인다고 했지…?
따끈
따끈
오, 내가 좋아하는 버섯 무침에 고사리나물, 미역국까지!
오 예~
잠깐! 아까 내가 버섯은 뭐라고 했지?
균…류?
흠칫

* **핵**: 세포 한가운데 있는 공처럼 생긴 기관으로, 껍질 같은 핵막으로 싸여 있다.

매운맛 강의 노트

생물의 5계 분류는 꼭 외워!

생물을 동물, 식물, 균류, 원생생물, 원핵생물로 나누는 것을 생물의 5계 분류라고 해.

대부분의 세포 안에는 핵이 있는데, 핵은 중요한 유전 정보(DNA)*를 보호하기 위해 핵막으로 둘러싸여 있어. 핵막으로 둘러싸인 핵이 있는 생물 가운데 동물, 식물, 균류 어느 것에도 속하지 않는 것을 **원생생물**이라고 해. 아메바와 짚신벌레처럼 하나의 세포로 이루어진 생물뿐 아니라, 우리가 자주 먹는 김과 미역도 원생생물에 속하지.

그런데 생물 중에 유전 정보가 막에 싸여 있지 않고 흩어져 있는 것이 있는데, 이것이 바로 **원핵생물**이야. 한마디로 뚜렷한 핵이 없는 생물이지. 세균은 원핵생물에 속해.

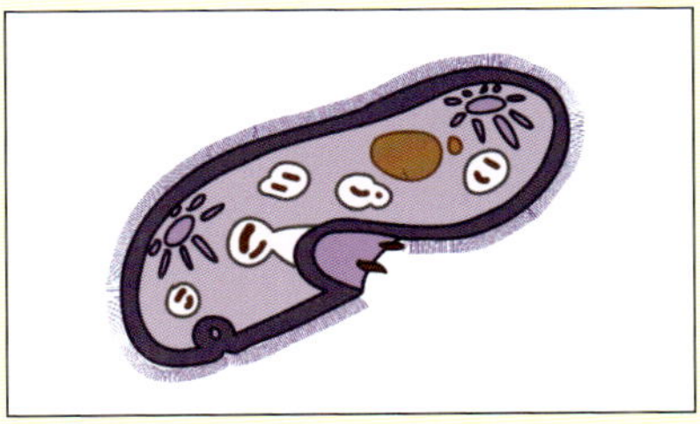

원생생물(짚신벌레)의 구조

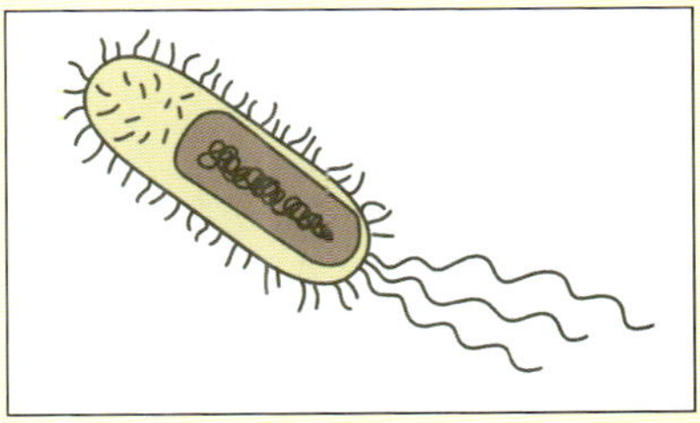

원핵생물(세균)의 구조

* **유전 정보**: 생물이 가지고 있는 모든 특징을 결정하는 생물학적 정보.

광합성

으휴
야! 집중 안 할래?
첫날부터 공부를 너무 많이 해서 그런가? 몸이 나른해.
우리 나가서 **광합성** 좀 하자~.
짱 —
짱 —
광합성은 또 어떻게 알았어?
그 정도는 나도 알거든!
흣
그럼 우리가 식물이 아니어서 광합성을 못 하는 것도 알겠네?
헐 진짜?

* **이산화 탄소**: 생물이 숨을 쉴 때 나오는 기체. 눈에 보이지 않고 냄새도 없다.

참! 광합성을 하고
남은 물은 기공을 통해 수증기로
내보내는데, 이 과정을
증산 작용이라고 해.
증산 작용
기공
수증기
또, 이 기공으로
이산화 탄소를
빨아들이고 산소를
내보내지.
기공은
또 뭐야?
기공은 잎이나
줄기에 나 있는 작은
구멍이야.
쏼라
쏼라
멍…
나른~
안 돼~!

생태계

뭐 보고 있어?
순
흑…
뭐야, 갑자기
왜 그래?
동물의 세계
힝, 사자에게
잡아먹히는 사슴이
너무 불쌍해.
엉
엉
사슴이 불쌍하긴
하지만 어쩔 수 없어.
이게 바로 생태계야.
씁쓸…

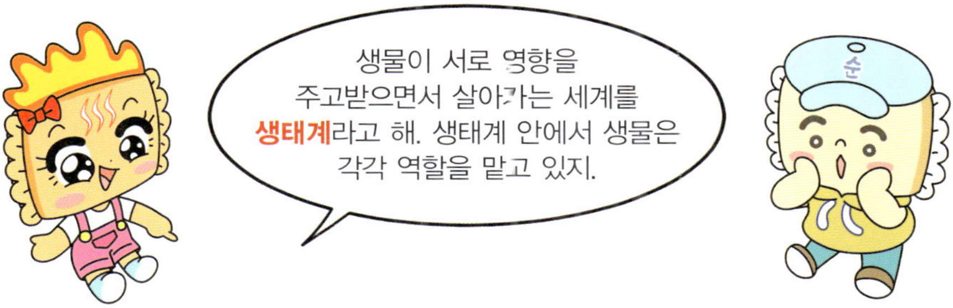

생산자	광합성을 통해 스스로 양분을 만드는 생물(식물)
소비자	식물이나 다른 생물을 먹어 양분을 얻는 생물(동물)
분해자	죽은 생물이나 똥오줌 등을 분해하는 생물(세균, 곰팡이, 버섯 등)

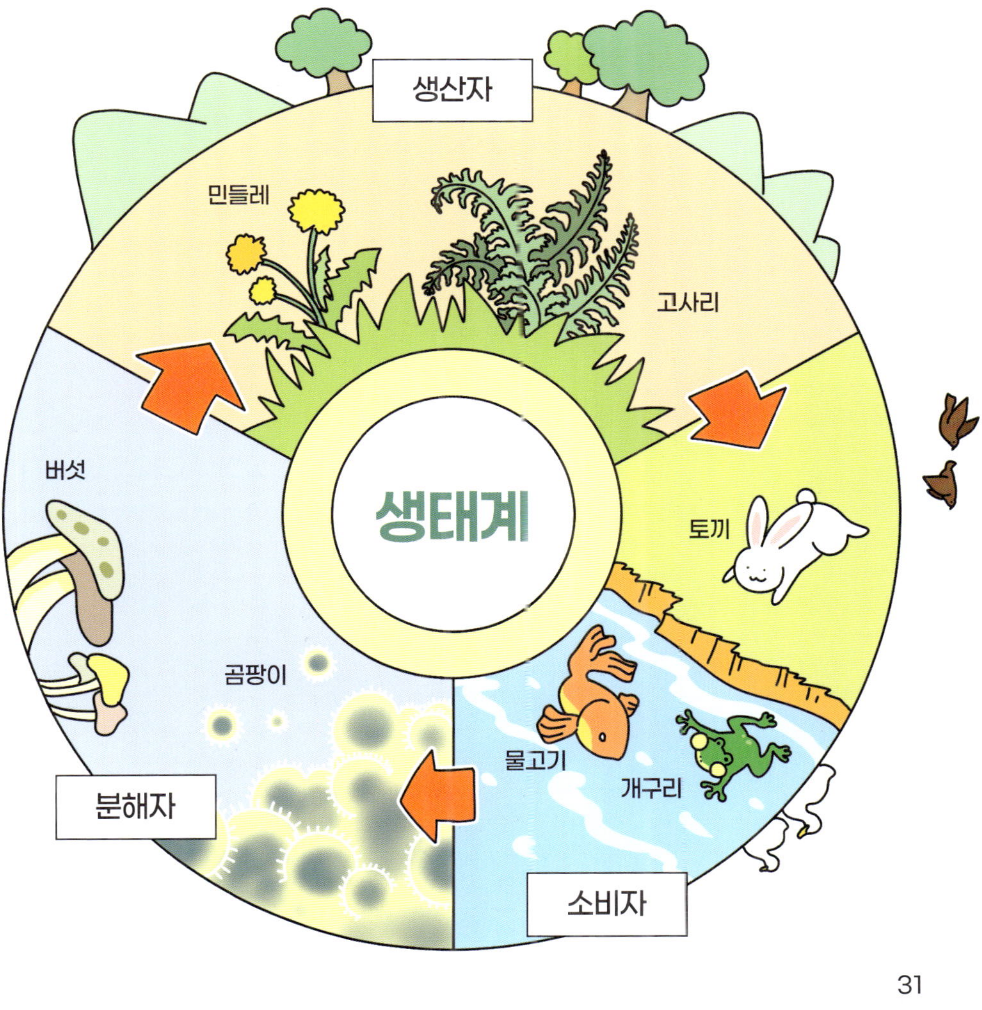

네가 본 영상에
사슴이랑 사자가
나왔잖아. 둘 다
소비자인 건 알겠지?
근데 소비자끼리도
먹고 먹히는 관계에
따라 단계가 나뉘어.
순
=
=
순
먹고 먹히는 관계?
순
슬금
슬금
순
너 어디 가?
계속 여기
있으면 내가 너한테
잡아먹힐 것 같….
크앙!
이리 와!

매운맛 강의 노트

매운맛은 3차 소비자?

우리가 사는 지구에는 다양한 **생태계**가 존재해. 산, 숲, 강, 바다, 연못 등 저마다 크고 작은 생태계를 이루고 있지.

생태계가 생물이 살아가는 세계라고 했잖아. 생태계에서 생물이 살아가는 데 아주 중요한 역할을 하는 것들이 있어. 그건 바로 햇빛, 공기, 물, 온도, 흙 등과 같은 환경이야. 이런 비생물적 환경 요소에 따라 생물이 살아가는 방법이 달라지게 되지. 생태계에서 생물들은 각각의 생물은 물론 환경과도 영향을 주고받으며 산다고.

생태계의 생물이 생산자, 소비자, 분해자로 나뉜다고 했지? 소비자에 대해 조금 더 설명할게.

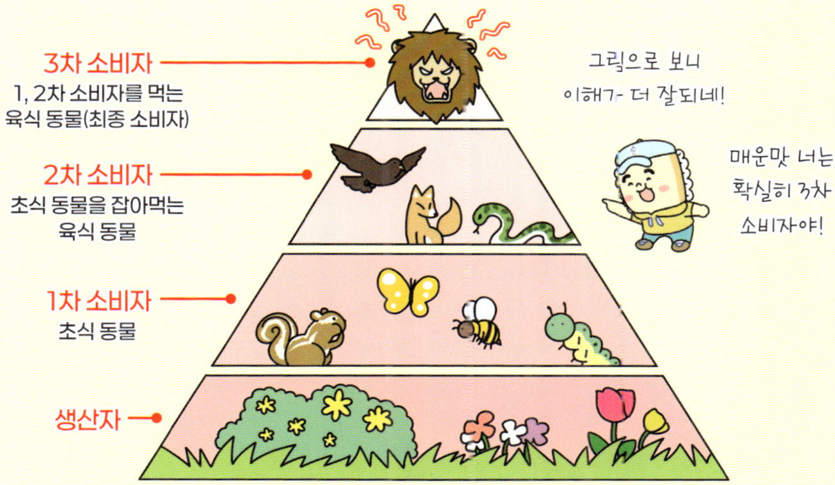

먹이 사슬과 먹이 그물

파 삼촌,
안녕하세요!
안녕!
잘 지냈니?
네, 근데
낚시하세요?
응, 너희도
같이 할래?
우아!
네!
안 돼!
공부해야지,
무슨 소리야?
척
체, 체험 학습 몰라?
자연 속에서 공부하면
효과가 더 좋을걸?

거봐,
나오니까 좋지?
꿈틀
불쌍해…
휙
잡았다!
좌악

그런데 있잖아. 지렁이를 물고기가 먹고, 그 물고기를 우리가 먹네.
그게 바로 먹이 사슬이야.
힝, 갑자기 또 공부 분위기….
냠…
체험 학습 하자며?
먹이 사슬이 얽혀 그물처럼 보이는 것을 먹이 그물이라고 하거든?
더 먹고 싶은데… 뭐? 그물?
그래, 그물로 잡으면 물고기를 더 많이 먹을 수 있겠다!
공부할 때 딴생각 좀 하지 마!

매운맛 강의 노트

먹이 사슬과 먹이 그물, 뭐가 다를까?

생태계 속에서 생물은 서로 먹고 먹히는 관계에 놓여 있어.

이런 관계가 마치 사슬처럼 연결되어 있다고 해서 **먹이 사슬**이라고 하지. 먹이 사슬은 보통 식물(생산자), 초식 동물(1차 소비자), 육식 동물(2, 3차 소비자) 순서로 연결돼.

그런데 생물은 여러 먹이를 먹고, 또 여러 생물에게 잡아먹히잖아? 먹이 사슬이 가로세로로 얽혀서 그물처럼 복잡하게 이루어진 관계를 **먹이 그물**이라고 해. 먹이 사슬과 먹이 그물, 구분하기 어렵지 않지?

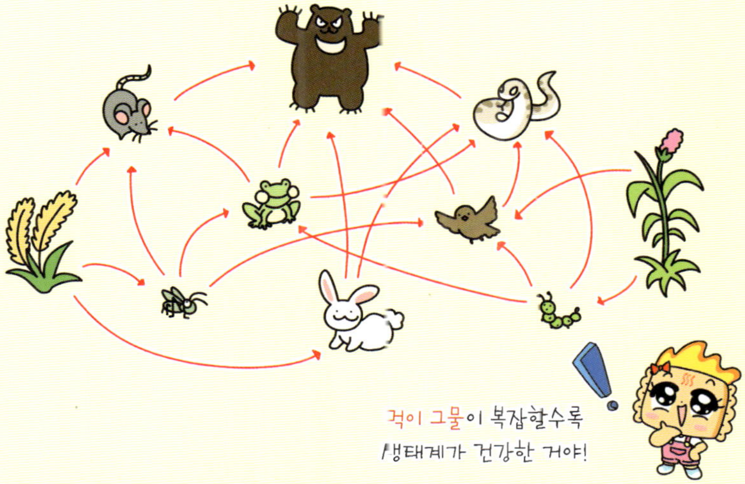

멸종

순한맛 필기 노트

멸종: 생물의 한 종류가 모두 죽어서 아주 없어지는 것.

뼈와 근육

얘들아,
부셔부셔 팔뼈가
부러졌대!
후다닥
헉! 어떡해,
많이 아프겠다.
덜
덜
우리, 병문안
가야겠지?
공부 빠질
핑곗거리를
또 찾았군.
힝, 넌 친구가
걱정도 안 돼?
그런데, 어쩌다가
다쳤대?
그게
말이야….

콰직!

으아, 너무 아팠겠다.
아무래도 병문안은
꼭 가야 할 것 같아.
덜덜덜

앗!
부셔부셔!
우리 너희 집 가는
중인데 어디 가?
병원 가는
길이야.
너희도 다치지
않게 조심해~.
까불
걱정 마!
나는 근육이 아주
튼튼하…
까불
아악!
꽝!
뭐 하냐….
뚜둑
기우뚱

매운맛 강의 노트

뼈와 근육이 튼튼해야 몸도 튼튼해!

우리 몸의 뼈대는 뼈와 근육 등으로 이루어져 있어. 단단한 **뼈**는 몸을 받쳐 주는 기둥 역할을 해. 또 뇌, 심장, 폐 같은 몸속 기관을 보호하지. 헬멧이 머리를 보호해 주는 것처럼 말이야.

근육은 뼈와 연결되어 있고 우리 몸을 움직이게 해. 팔을 들어 올려 알통을 자랑해 봐. 팔 안쪽 근육이 오그라들며 불룩 튀어나오지?
제자리로 돌아가면 근육이 다시 펴지는데, 이렇게 근육이 오그라들었다 펴졌다 하면서 뼈를 움직이는 거라고.

소화

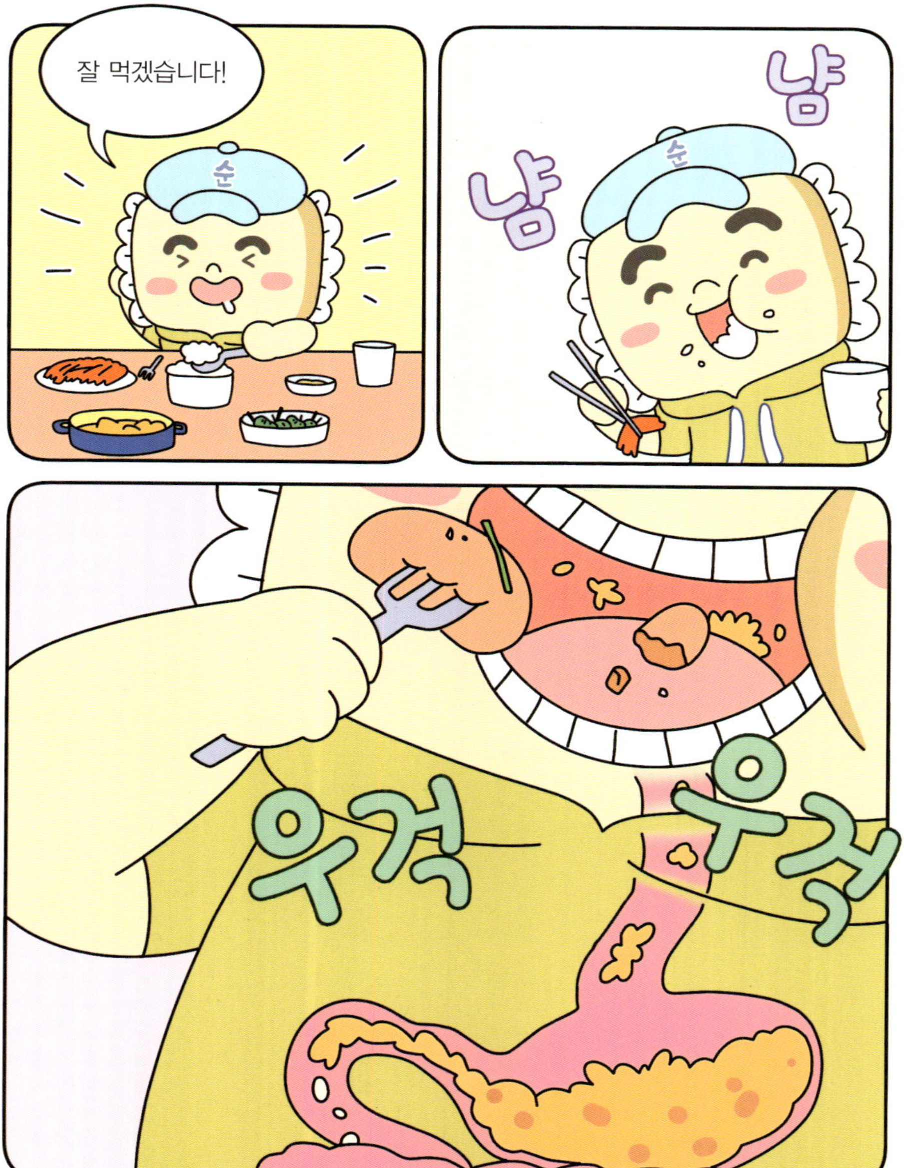

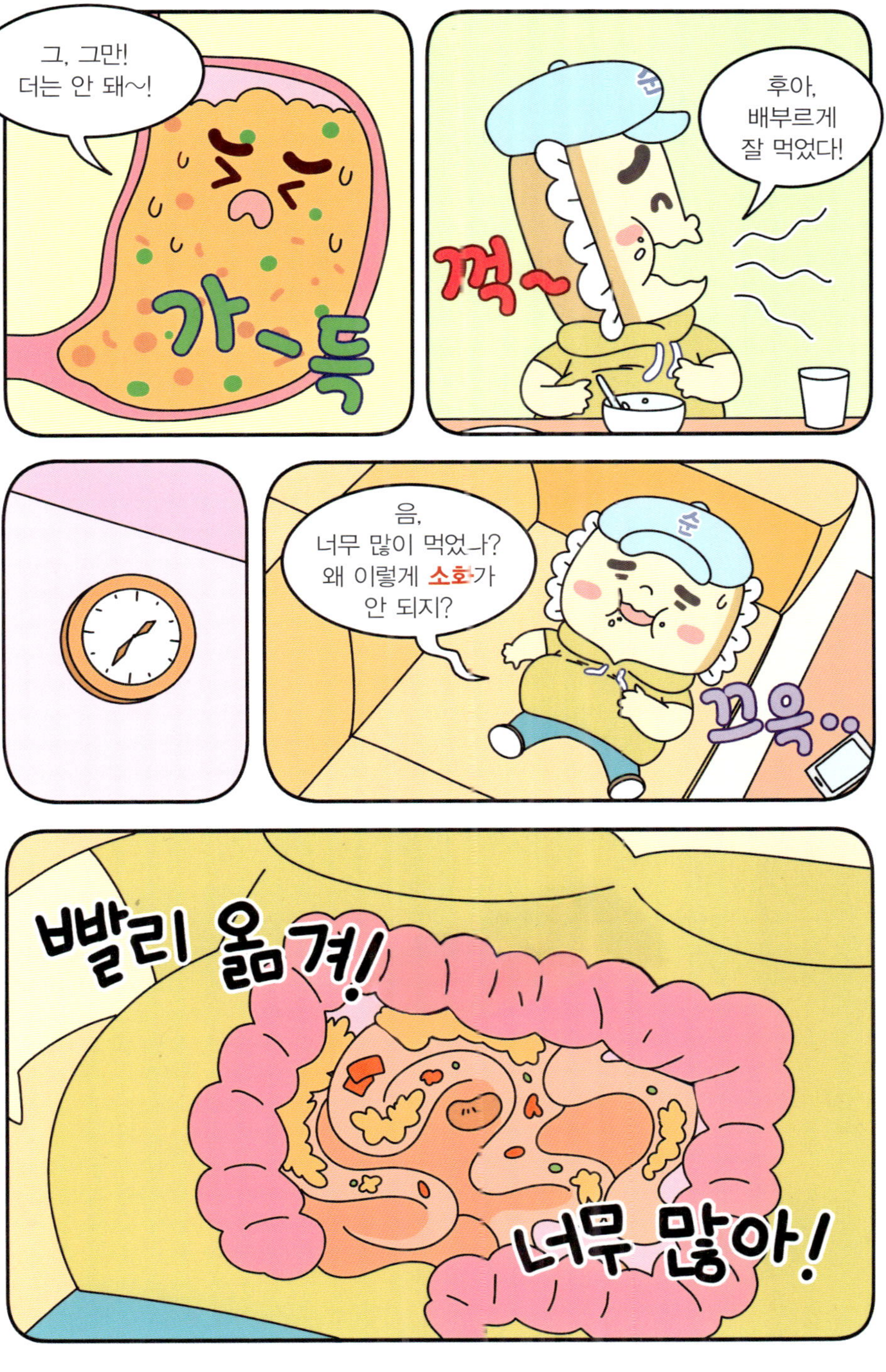

그, 그만!
더는 안 돼~!
가~득
후아,
배부르게
잘 먹었다!
꺽~
음,
너무 많이 먹었나?
왜 이렇게 소화가
안 되지?
끄윽...
빨리 옮겨!
너무 많아!

띠링
띠링
너 어디야?
같이 공부하기로
해 놓고 왜 안 와!
오늘은 쉬면 안 될까?
너무 많이 먹어서 소화가
안 되나 봐….
바둥
바둥
핑계 대지 말고
얼른 뛰어와!
아니, 핑계가
아니라….
끄어~~억…
윽, 더러워.

매운맛 강의 노트

소화가 되려면 작아져야 한다고!

소화는 음식물을 잘게 분해해 그 속에 든 영양소를 몸이 흡수할 수 있게 바꾸는 과정이야. 우리가 먹은 음식물은 입, 식도, 위, 작은창자(소장), 큰창자(대장), 항문 등 소화 기관을 지나며 점점 분해돼.

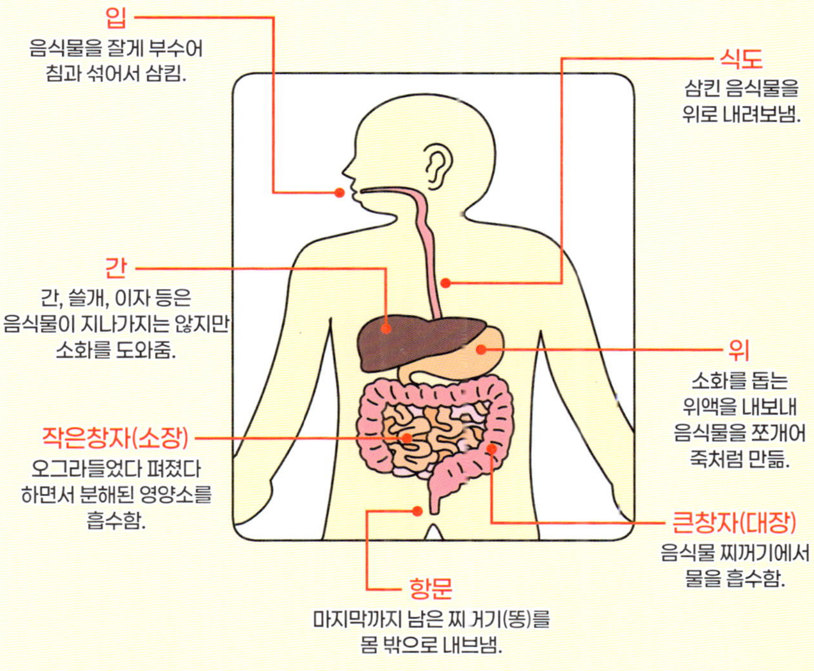

호흡

매운맛! 같이 가~!
다다다
헥
헥
헉헉, 숨차! 호흡 좀 진정시키고….
헥
헥
헥
헤엑
기관
기관지
폐
응? 어디서 쿰쿰한 냄새가 나는 것 같은데?
킁킁

순한맛 필기 노트

> **호흡**: 숨을 들이마시고 내쉼.

숨을 들이마실 때 공기 중 산소가
코 → 기관 → 기관지 → 폐를 거쳐 몸속으로 들어옴.

숨을 내쉴 때 몸에서 생긴 이산화 탄소가
폐 → 기관지 → 기관 → 코를 거쳐 몸 밖으로 빠져나감.

킁킁, 맡기 싫어도
숨 쉴 때마다 코로
냄새가 들어온다고!

세균과 감염병

체육 시간
하하
하하
뽀득
뽀득
참, 남은 치즈가 있었지!
꼬르륵~
헤헤, 나는 아무래도 치즈 라면으로 태어났어야 했나 봐.

야! 손 씻고 먹어야지,
그냥 먹으면 어떡해?
전에 그렇게 말했는데!
휙
괜찮아. 음식은
손맛이 들어가야
한다잖아.
손맛은 그 뜻이
아니거든?
눈에 보이지
않는 세균…
잔소리
잔소리
잔소리
바이러스
많다고…
깨끗하게…
여기서 잠깐 복습 퀴즈! 세균은 다음 중 어디에 속할까?
① 동물 ② 균류 ③ 원생생물 ④ 식물 ⑤ 원핵생물
(☞ 정답은 다음 페이지에!)
너 그러다
감염병 걸리면 주사
맞아야 한다고!
주사?!
주사는
싫어잉!
빠득
빠득

매운맛 강의 노트

병에 안 걸리는 방법은?

우리 몸에 병을 일으키는 생물이나 물질을 병원체라고 해.
대표적으로 **세균**과 바이러스*가 있지.

병원체가 우리 몸에 들어와서 갑자기 늘어나게 되는 것을 감염이라고 하고, 감염으로 생기는 병을 **감염병**이라고 해. 세균에 감염돼 장염을 앓는다거나, 바이러스에 감염돼 감기에 걸리는 것처럼 말이야.
세균과 바이러스는 이곳저곳 옮겨 다니는 특징을 가지고 있어. 어떤 감염병은 다른 사람에게 쉽게 퍼지기 때문에 더 큰 피해를 주지.

가장 쉬운 방법은 몸과 주변 환경을 깨끗하게 하는 거야. 손만 잘 씻어도 감염병 대부분을 예방할 수 있어. 또 음식은 끓이거나 익혀서 먹고, 자주 실내 환기를 하는 것도 좋아. 기침이나 재채기가 나올 때는 입을 가려야 하는 것도 잊지 마!

만약 병원체에 감염되면 항생제 같은 약으로 물리치면 돼. 예방 접종을 챙겨 맞는 것도 중요해. 우리 몸이 병원체와 맞서 싸우도록 훈련시키는 효과가 있거든.

정답: ⑤ 원핵생물

* **바이러스**: 세균보다 더 작고 세포가 없어서, 다른 생물의 세포에 붙어 병을 일으킨다.

한 젓가락 더!

1 동물과 식물에 대한 설명을 읽고 맞으면 ○표, 틀리면 ×표 해 보세요.

(1) 식물은 스스로 움직일 수 있다. (　　　)

(2) 동물은 스스로 움직이며,
다른 생물을 먹어 양분을 얻는다. (　　　)

(3) 식물은 스스로 양분을 만든다. (　　　)

2 보기의 초성 힌트를 이용해 아래 빈칸을 채워 보세요.

보기 ㅂㅅ　ㅂㅎ　ㄱㅍㅇ

생물 중에 동물과 식물로 나눌 수 없는 것들이 있다. 그 가운데 하나가 균류다. 균류는 죽은 생물을 (①)하거나 다른 생물에 기대어 양분을 얻어 산다. (②), (③), 효모 등이 대표적 균류다.

① □□　② □□　③ □□□

3 과학 어휘와 설명을 알맞게 짝지어 보세요.

(1) 생산자 •　　• ① 죽은 생물이나 똥오줌 등을 분해하는 생물

(2) 분해자 •　　• ② 광합성을 통해 스스로 양분을 만드는 생물

(3) 소비자 •　　• ③ 식물이나 다른 생물을 먹어 양분을 얻는 생물

4 뼈와 근육에 대한 설명 중 틀린 것을 고르세요.

① 우리 몸의 뼈대는 뼈와 근육 등으로 이루어져 있다.
② 뼈는 몸을 받쳐 주는 기둥 역할을 한다.
③ 뼈는 뇌, 심장, 폐 등 몸속 기관을 보호한다.
④ 근육은 뼈와 연결되어 있다.
⑤ 뼈는 근육의 도움 없이 스스로 움직인다.

5 그림을 보고 음식물이 어떤 기관을 거쳐 소화되는지 순서대로 써 보세요.

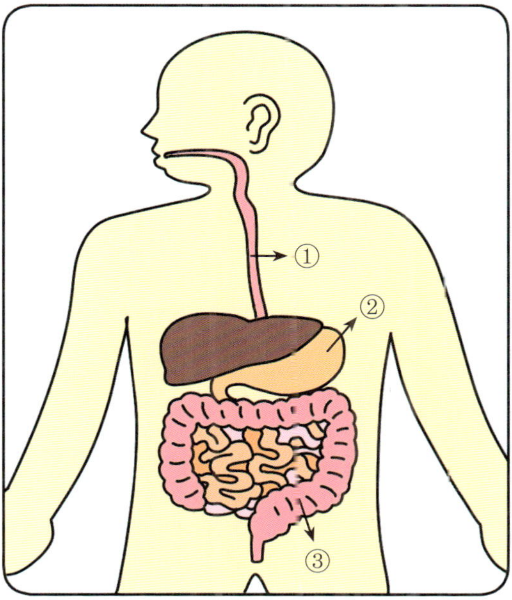

입 → ① (　　　　　　　) → ② (　　　　　　　) →
작은창자 → ③ (　　　　　　　) → 항문

아래 설명에 맞는 과학 어휘 체크 체크!

어떤 물질이 액체 상태에서
기체 상태로 변하는 것.

☐ 연소

☐ 증발

☐ 순환

2화

화르륵 화학

매운맛
감기 대소동

고체, 액체, 기체

우아,
얼른 만들자!
신나,
신나~!
훅
훅
훅
훅
그렇게 허서
어느 세월에
만들래?
공기주입기
먹지다~!
와아~!
공기(=기체)를
채웠을 뿐인데
근사한 수영장이
됐어!
불룩
불룩
불룩

파도가 온다! 피해~!
와!
내가 구해 줄게! 점프~!
와-
하하하
푹!
푸쉬-
흐물
어어? 왜 이러지?
풉

매운맛 강의 노트

고체, 액체, 기체의 성질이 궁금해?

우리 주변의 모든 것은 물질로 이루어져 있어. 대부분 고체, 액체, 기체 상태로 존재하지.

고무 대야나 돌처럼 손으로 잡을 수 있고 단단하며, 일정한 모양과 크기를 가진 물질을 **고체**라고 해. 고체는 담는 그릇이 달라져도 모양과 부피가 변하지 않아. 참고로 모래, 소금, 설탕 같은 가루도 알갱이 하나의 모양이 변하지 않으므로 고체야.

물이나 우유처럼 눈으로 볼 수 있고 흐르는 성질이 있으며, 담는 그릇에 따라 모양이 변하는 물질을 **액체**라고 해. 액체는 담는 그릇에 따라 모양이 변해도 부피는 변하지 않지.

우리 주변에는 눈에 보이지 않지만 공기가 있어. 풍선 수영장에 공기를 넣으면 부풀어 오르는데, 공기를 빼면 원래대로 돌아오잖아? 이처럼 담는 그릇에 따라 모양이 변하고 담긴 그릇을 가득 채우는 물질을 **기체**라고 해.

증발, 끓음, 응결

히히,
재밌었어!
그러게.
근데 목말라.
나도!
너희, 안 춥니?
따뜻한 음료 좀
줄까?
끓음
깜짝
아직도 더워요.
시원한 물
마실래요!
난 얼음도
넣어 줘!
하아~
어?
컵에 물방울이
맺혔네.
응결
컵에
금이 가서
물이 새나?
물방울이
왜 생겼는지 궁금해?
그럼 공부를 시작해
보자!
나, 나도?

매운맛 강의 노트

지금 물은 어떤 상태일까?

물은 온도와 환경에 따라 고체, 액체, 기체르 상태가 변하는 성질을 가지고 있어.

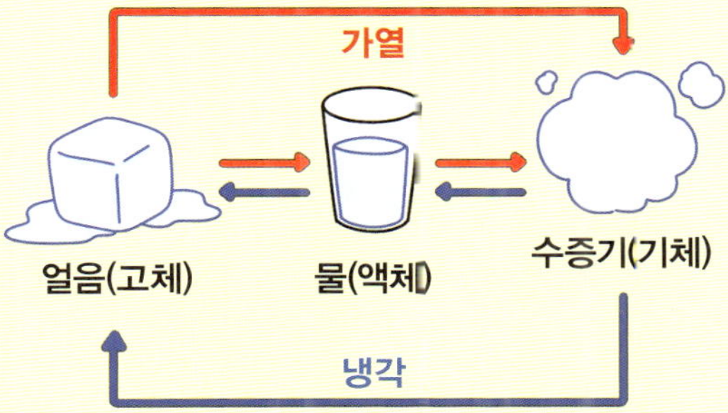

우리 주변에서 액체가 기체로 변하는 현상을 쉽게 볼 수 있어. 예를 들어 젖은 빨래가 마르는 것은 증발 때문이야. **증발**은 물의 표면에서 물이 수증기로 천천히 변하는 현상이지. 물이 끓을 때는 표면뿐 아니라 물속에서도 거품이 생기며 물이 수증기로 빠르게 변하는데, 이 현상을 **끓음**이라고 해.

얼음물을 담은 컵 표면에 물방울이 맺히고는 하잖아? 공기 중 수증기가 차가운 컵 표면에 닿아 물로 변한 거야. 이처럼 기체인 수증기가 액체인 물로 상태가 변하는 것을 **응결**이라고 해. 추운 겨울에 밖에서 안으로 들어왔을 때 안경이 뿌옇게 흐려지는 것도 같은 원리이지.

물의 순환

이참에
물의 순환에 대해
공부해 볼까?
그게 뭔데?
여기를 봐!

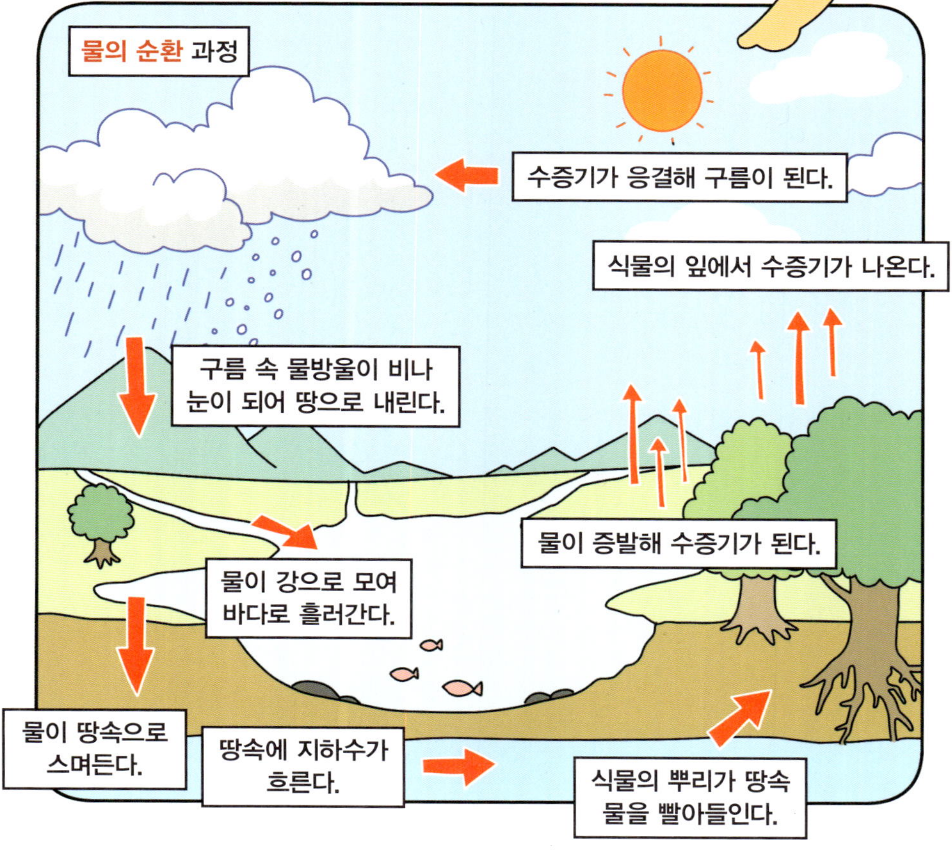

물의 순환 과정
수증기가 응결해 구름이 된다.
식물의 잎에서 수증기가 나온다.
구름 속 물방울이 비나
눈이 되어 땅으로 내린다.
물이 증발해 수증기가 된다.
물이 강으로 모여
바다로 흘러간다.
물이 땅속으로
스며든다.
땅속에 지하수가
흐른다.
식물의 뿌리가 땅속
물을 빨아들인다.

지구의 물은 새로 생기거나 사라지지 않아!
물의 순환 과정 중 어느 한 곳에서 물의 양이 변하더라도, 물은 돌고 돌기 때문에 지구 전체로 보면 그 양은 똑같아.
우리가 쓰는 물도 다시 자연으로 돌아가니까, 되도록 깨끗하게 써야겠지?
쪼르르
꿀꺽...
엣츠.. 퓨!
그러면 이 물도 지구를 계속 돌고 돌겠네.
그, 그럼. 물은 상태를 바꾸며 지구 곳곳을 끊임없이 돌고 도니까.
뚝
뚝

용해와 용액

매운맛한테
감기 옮으면 안 돼.
안 그래도 재시험 공부할
시간이 모자란데….
휴우…
감기 옮을까 봐
같이 공부하기
싫다고 말하기도
무섭고….
끙…
그런데…
나 혼자 공부해도
괜찮을까?
순
어?
아, 그래!

얘들아,
내 과학 공부 좀
도와줄래?
뭐?
매운맛은 어쩌고?
그게,
사정이 있는데…
어쩌고저쩌고….
훗, 그래!
까짓것 한번
도와주지!
뭐?
아, 그럼….
슬쩍
가는 게 있으면
오는 게 있어야 하지
않을까~?

그럼 이거라도
먹을래?
오, 좋아!
우유에 타 먹으면
완전 맛있지!
탈탈
쑤욱
응? 가루가 제대로
안 섞였을 거 같은데
벌써 먹게?
그러게. 용해가
됐으려나?
용… 뭐?
헐!
컥
컥
컥
음, 그럼
용해와 용액부터
공부해 볼까?

컵라면의 밑줄 짝!

헷갈리는 용해와 용액을 한번에 정리해 줄게!

물에 설탕을 녹여 본 적 있어? 설탕이 물에 녹아 완전히 안 보이게 되는 것처럼, 어떤 물질이 다른 물질에 녹아 골고루 섞이는 현상을 **용해**라고 해.

> 溶 녹을 **용**, 解 풀 **해**
> ☞ 어떤 물질이 다른 물질에 녹아 골고루 섞이는 현상.

설탕물처럼 녹는 물질과 녹이는 물질이 골고루 섞여 있는 것을 **용액**이라고 해. 코코아 가루를 탄 물이나 우유를 그대로 두면 덩어리가 생기잖아? 이렇게 시간이 지나 바닥에 가라앉은 물질이 있으면 용액이 아니지.

일상생활에서 볼 수 있는 용액의 예로는 바닷물, 탄산음료, 이온 음료, 손 세정제, 구강 청정제 등이 있어.

> 溶 녹을 **용**, 液 진 **액**
> ☞ 녹는 물질과 녹이는 물질이 골고루 섞여 있는 물질.

한마디로 설명하면 용질은 녹는 물질이고, 용매는 다른 물질을 녹이는 물질이야.

溶 녹을 **용**, 質 바탕 **질**
☞ 녹는 물질.

溶 녹을 **용**, 媒 매개 **매**
☞ 다른 물질을 녹이는 물질.

설탕물로 예를 들면 다음과 같아.

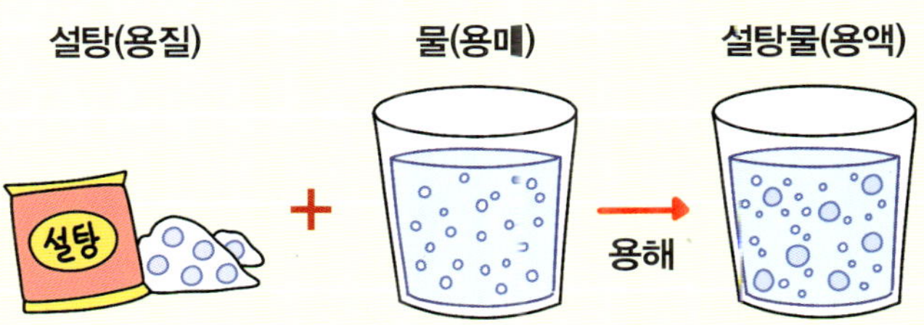

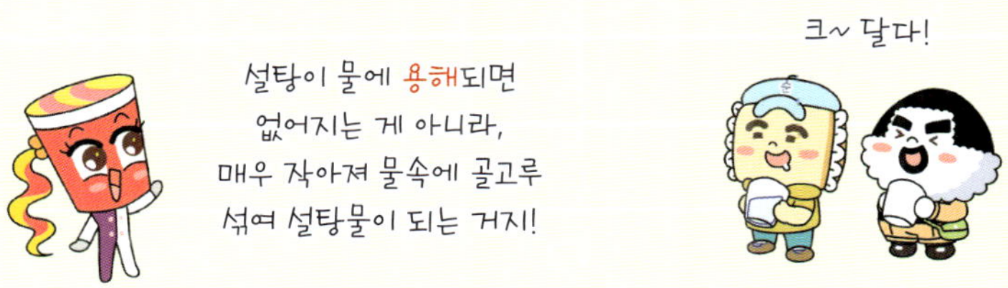

산성과 염기성

근데 왜 나는 여기서 같이 공부하고 있는 거지?
컵라면 집
쿵
쿵
왜 그래? 무슨 냄새나?
생선 비린내가 나는 것 같은데? 냄새 때문에 집중이 안 돼.
헹, 공부하기 싫어서 핑계 대는 거 아니고?
큭큭
오늘 아침에 거기서 생선 먹어서 그런가? 잠깐만!

준비 완료!
악, 냄새! 식초로 뭐 하는 거야?
나 이제 여기서 공부 못 해!
비린내가 나는 이유는 약한 염기성을 띠는 아민이라는 물질 때문이야.
그래서 산성 용액인 식초를 이용하면, 비린내를 쉽게 없앨 수 있어.
식초
우아! 냄새가 진짜 안 나잖아!
염기성? 아민? 산성은 또 뭐야….

윽, 갑자기
왜 이러지? 속이
너무 쓰려.
끙..
뭐야,
공부하기 싫으니까
꾀병 부리는 것
같은데?
풉
진짜
아프단 말이야.
난 아픈 걸로는
장난 안 쳐.
속이 쓰릴 땐
제산제를 먹어야지!
제산제?
그게 뭔데?
강한 산성을 띠는
위액이 많이 나오면
위벽이 상해 속이
쓰릴 수 있어.
으으
쓰려..
휴!
제산제
이럴 때
염기성을 띠는 약인
제산제를 먹으면 위액의
산성이 약해져서
통증이 줄어.
컵라면한테
공부 도와 달라고 하길
잘한 것 같아!

컵라면의 밑줄 쫙!

산성인지 염기성인지 궁금할 땐 산도를 봐!

물질의 성질은 산도(산의 세기)를 측정해 알 수 있어. 산도는 pH(페하)라는 기호를 쓰고, 0에서 14까지의 숫자로 나타내.

pH 7을 기준으로 pH 7보다 작으면 **산성**, 7보다 크면 **염기성**, 7과 같으면 산성도 염기성도 아닌 중성으로 분류하지. 더떤 물질의 산도를 알면 그 물질을 더 안전하게 다룰 수 있어. 또 부패를 막고, 효율적으로 사용할 수도 있고.

산성을 띠는 물질은 물에 녹으면 신맛을 내고, 푸른색 리트더스 종이를 붉은색으로 변화시켜. 식초, 레몬즙, 탄산음로, 묽은 염산 등이 있어.

염기성을 띠는 물질은 붉은색 리트머스 종이를 푸른색으로 변화시켜. 쓴맛이 있는 경우가 많고, 만지면 미끈거리며 단백질을 녹여. 비눗물, 유리 세정제, 석회수 등이 있어.

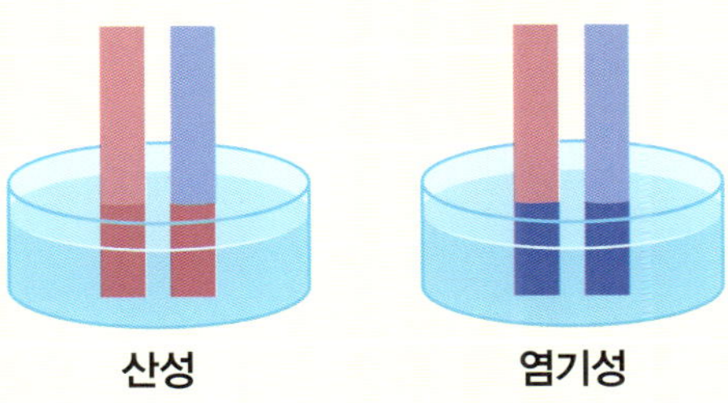

산성 물질과 염기성 물질을 섞으면 서로의 성질이 약해져. 이런 특성을 활용해 생선을 손질한 도마를 식초로 닦고, 세제로 청소를 하는 등 우리 생활에 다양하게 이용할 수 있지.

온도와 압력

척
자, 문제! 찌그러진 탁구공을 손대지 않고, 다시 펴는 방법이 있을까?
없다!
한발 늦었네…
그럼 난 있다!
정답은 온도와 관련이 있어. 온도가 뭔지는 알지?
따뜻하고 차가운 정도를 말하는 거잖아. 그 정도는 안다고!

퐁당
음…?
뽕
한참 찌그러져 있었더니 몸이 뻐근하네!
야호!
와아, 내가 정답!
뭐야, 이거 마술이야?
헐
아니, 마술이 아니라 과학이지!
후후

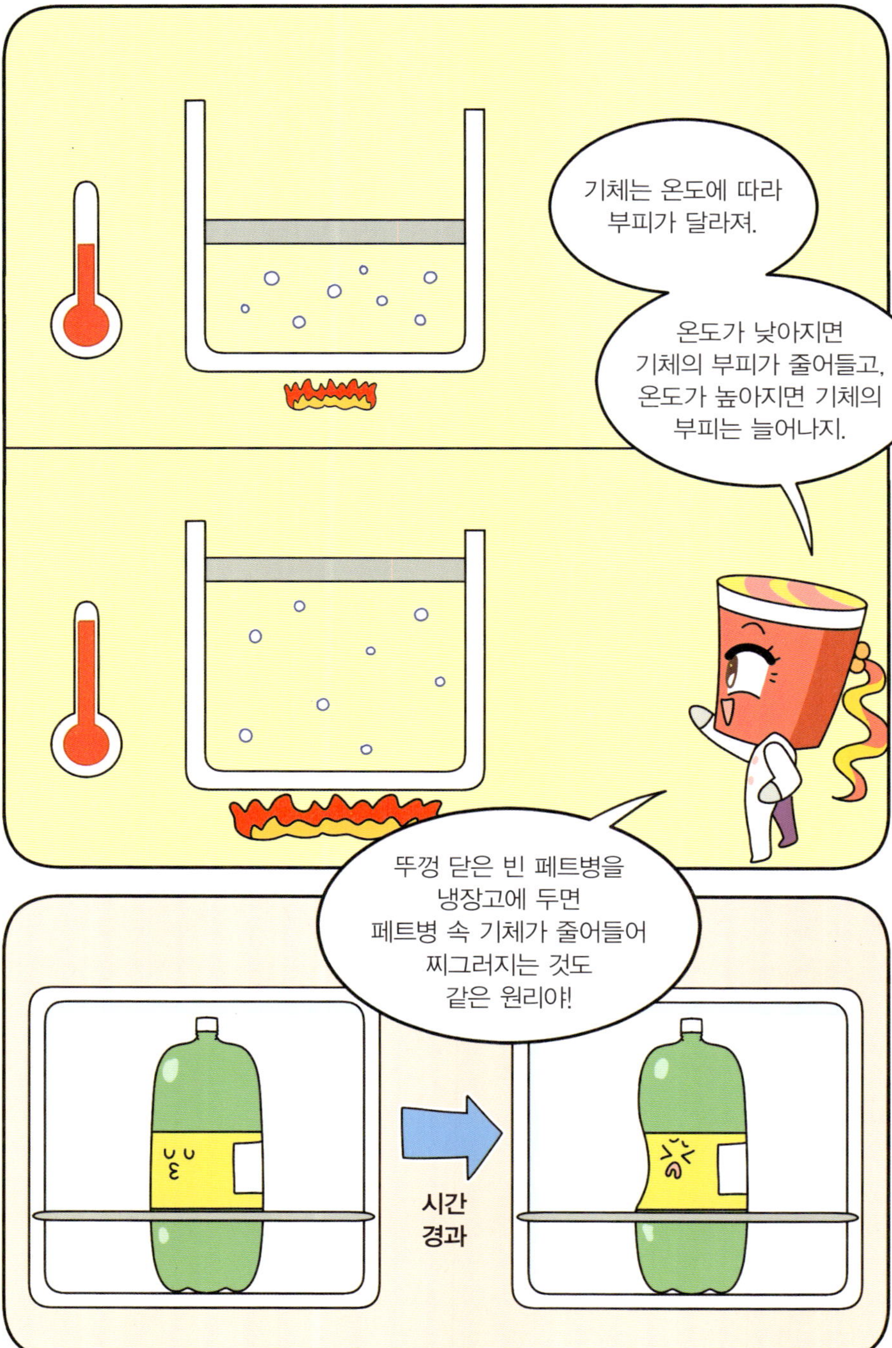
기체는 온도에 따라 부피가 달라져.
온도가 낮아지면 기체의 부피가 줄어들고, 온도가 높아지면 기체의 부피는 늘어나지.
뚜껑 닫은 빈 페트병을 냉장고에 두면 페트병 속 기체가 줄어들어 찌그러지는 것도 같은 원리야!
시간 경과

기체의 부피를 변화시키는 것이 또 하나 있어. 그건 바로 압력!
압력이 높을 때
압력이 낮을 때
압력은 일정한 넓이에 가해지는 힘이야. 기체의 압력이 높으면 부피가 줄어들고, 압력이 낮으면 부피가 늘어나.
높은 산에 올라가면 과자 봉지가 빵빵해져. 높은 곳에서는 공기가 누르는 힘이 약해져서 압력이 낮아지거든.
압력이 낮아지면서 과자 봉지 속 기체(질소)의 부피가 늘어나는 거야.
높은 데 올라가면 과자 봉지가 빵빵해진다니, 그게 정말이야?
지금 산에 가서 실험해 볼래?
척!
아니야, 믿어. 완전 믿어!

산소와 이산화 탄소

너희들, 공기를 이루는 기체가 몇 개인 줄 알아?
당연히 한 개지! 숨 쉬는 데 꼭 필요한 산소가 공기잖아!
자신만만
땡!
그럼 두 개! 산소와 이산화 탄소! 호흡할 때 이산화 탄소를 내보내니까!
번쩍!
또 땡!
엥? 그럼 몇 갠데?
공기는 여러 가지 기체로 이루어져 있어!
자세한 내용은 여기를 봐 줘!

컵라면의 밑줄 쫙!
공기는 혼합물이야!

공기는 여러 가지 기체로 이루어진 혼합물이야. 공기에는 질소, 산소, 아르곤, 이산화 탄소, 수소, 헬륨 등 다양한 기체가 들어 있어.

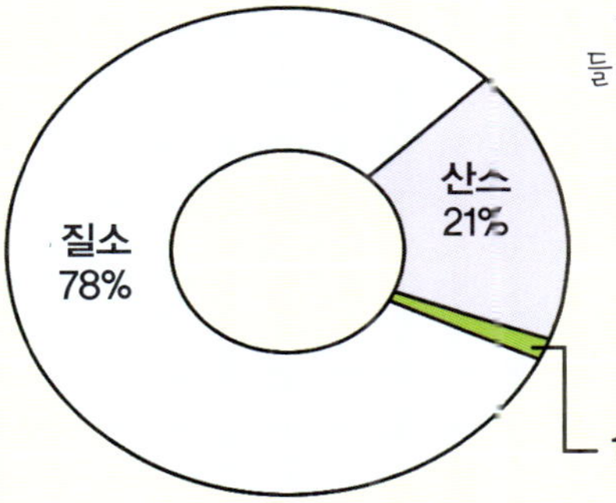

산소는 색깔과 냄새가 없어. 동·식물의 호흡에 필요하며, 다른 물질이 타는 걸 도와. 철을 녹슬게 하기도 하지.

이산화 탄소는 색깔과 냄새가 없고, 식물의 광합성과 여러 화학 원료로 사용되며 물질이 타는 것을 막아. 탄산음료를 만들 때도 사용되지.

질소도 색깔과 냄새가 없어. 보통 과자나 음식물을 포장할 때 봉지 속에 질소를 채워. 질소는 과자가 부서지지 않고, 음식물이 상하지 않게 도와주거든.

연소와 소화

헛,
불이 꺼질 것
같아요!
안 돼!
불이 꺼질 것 같으면
탈 물질을 더 넣으면
되지!
연소
화르륵
활
우아!
불이 살아났어!
활
활
짝
짝
짝
짝

이제 불을 끄고(=소화) 정리해 볼까?
후우우우…
뭐 하는 거야?
아까 컵라면이 이산화 탄소가 물질이 타는 걸 막는다고 했잖아. 호흡할 때 이산화 탄소가 나오니까, 너도 얼른 불어!
?
?
후
후
후
후
후

김치 할아버지의 한마디

연소와 소화를 알려 줄 때가 왔군!

물질이 탈 때는 빛과 열이 난단다. 물질이 산소와 만나 빛과 열을 내는 현상을 **연소**라고 하지.

연소가 일어나기 위해서는 탈 물질과 산소가 있어야 하고, 발화점 이상의 온도가 되어야 해.

연소의 세 가지 조건

탈 물질	산소	발화점*이상의 온도
나무, 종이, 초, 기름 등.	산소는 물질이 잘 타게 돕는다.	물질의 온도가 발화점 이상이 되면 불이 붙는다.
		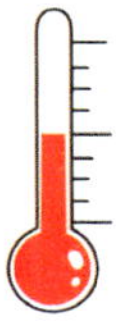

연소의 세 가지 조건 가운데 하나 이상을 없애 불을 끄는 것을 **소화**라고 한단다. 탈 물질을 없애거나, 산소 공급을 막거나, 온도를 발화점 밑으로 낮추면 불이 소화되지. 불꽃놀이할 때 불꽃이 꺼지는 건 탈 물질이 없어지는 원리란다.

* **발화점**: 물질에 불이 붙기 시작하는 온도.
* 녹은 초(파라핀)가 기체로 바뀌어 타다가, 입으로 바람을 불면 이 기체가 흩어져 촛불이 꺼진다.

한 젓가락 더!

1 다음 설명을 읽고 맞으면 ○표, 틀리면 ×표 해 보세요.

(1) 액체는 돌처럼 손으로 잡을 수 있고 단단하며, 일정한 모양과 크기를 가진 물질이다. (　　)

(2) 고체는 물이나 우유처럼 눈으로 볼 수 있고, 흐르는 성질이 있으며, 담는 그릇에 따라 모양이 변하는 물질이다. (　　)

(3) 기체는 담는 그릇에 따라 모양이 변하고, 담긴 그릇을 가득 채우는 물질이다. (　　)

2 다음 그림을 보고 빈칸을 채워 보세요.

액체의 표면에서 액체가 기체로 천천히 변하는 것을 (①)이라고 한다.

기체인 수증기가 액체인 물로 상태가 변하는 것은 (②)이라고 한다.

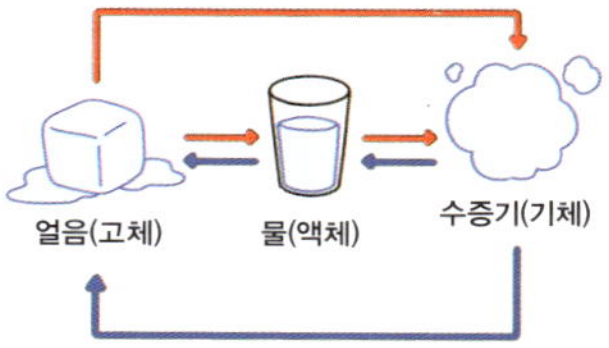

① (　　　　　　) ② (　　　　　　)

3 과학 어휘와 설명을 알맞게 짝지어 보세요.

(1) 용해 •

(2) 용액 •

(3) 용매 •

• ① 녹는 물질과 녹이는 물질이 골고루 섞여 있는 물질

• ② 다른 물질을 녹이는 물질

• ③ 어떤 물질이 다른 물질에 녹아 골고루 섞이는 현상

4 산성과 염기성에 대한 설명 중 틀린 것을 고르세요.

① 산성을 띠는 물질은 물에 녹으면 쓴맛을 낸다.

② 산성을 띠는 물질은 푸른색 리트머스 종이를 붉은색으로 변화시킨다.

③ 염기성을 띠는 물질은 붉은색 리트머스 종이를 푸른색으로 변화시킨다.

④ 염기성을 띠는 물질은 만지면 미끈거리고 단백질을 녹인다.

⑤ 산성 물질과 염기성 물질을 섞으면 서로의 성질이 약해진다.

5 보기 의 자음과 모음을 조합해 빈칸에 들어갈 알맞은 말을 써 보세요.

보기	ㅂ ㅜ ㅇ ㅗ ㄴ ㅍ ㅣ ㄷ ㅗ

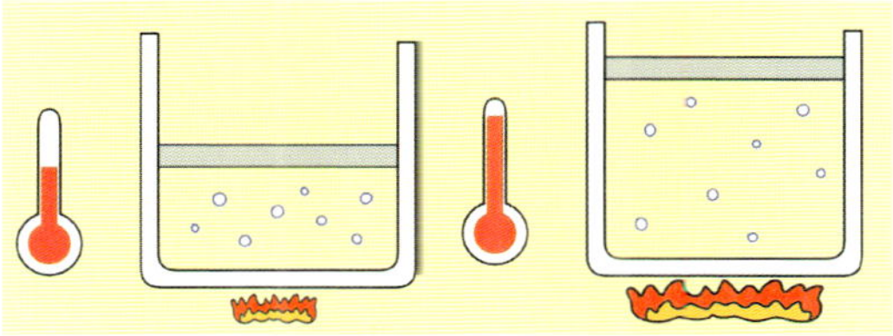

기체는 (①)에 따라 (②)가 달라진다.
(①)가 높아지면 기체의 (②)가 늘어나고,
(①)가 낮아지면 기체의 (②)는 줄어든다.

① (   ) ② (   )

아래 설명에 맞는 과학 어휘 체크 체크!

지구가 태양을 중심으로 일 년에 한 바퀴씩
회전하는 것.

- [ ] 자전
- [ ] 공전
- [ ] 상전

3화

지지고 볶는 지구과학

컵라면이 무서워!

침식, 운반, 퇴적

집중…
하암~
식단표
어?
내일 중식 메뉴 뭔지 봐야지!
쫑긋!
중식이면… 중국 음식? 짜장면, 짬뽕, 탕수육~?
와~
너희 학교 진짜 좋다! 급식으로 중식도 나오고!
저… 저기요?

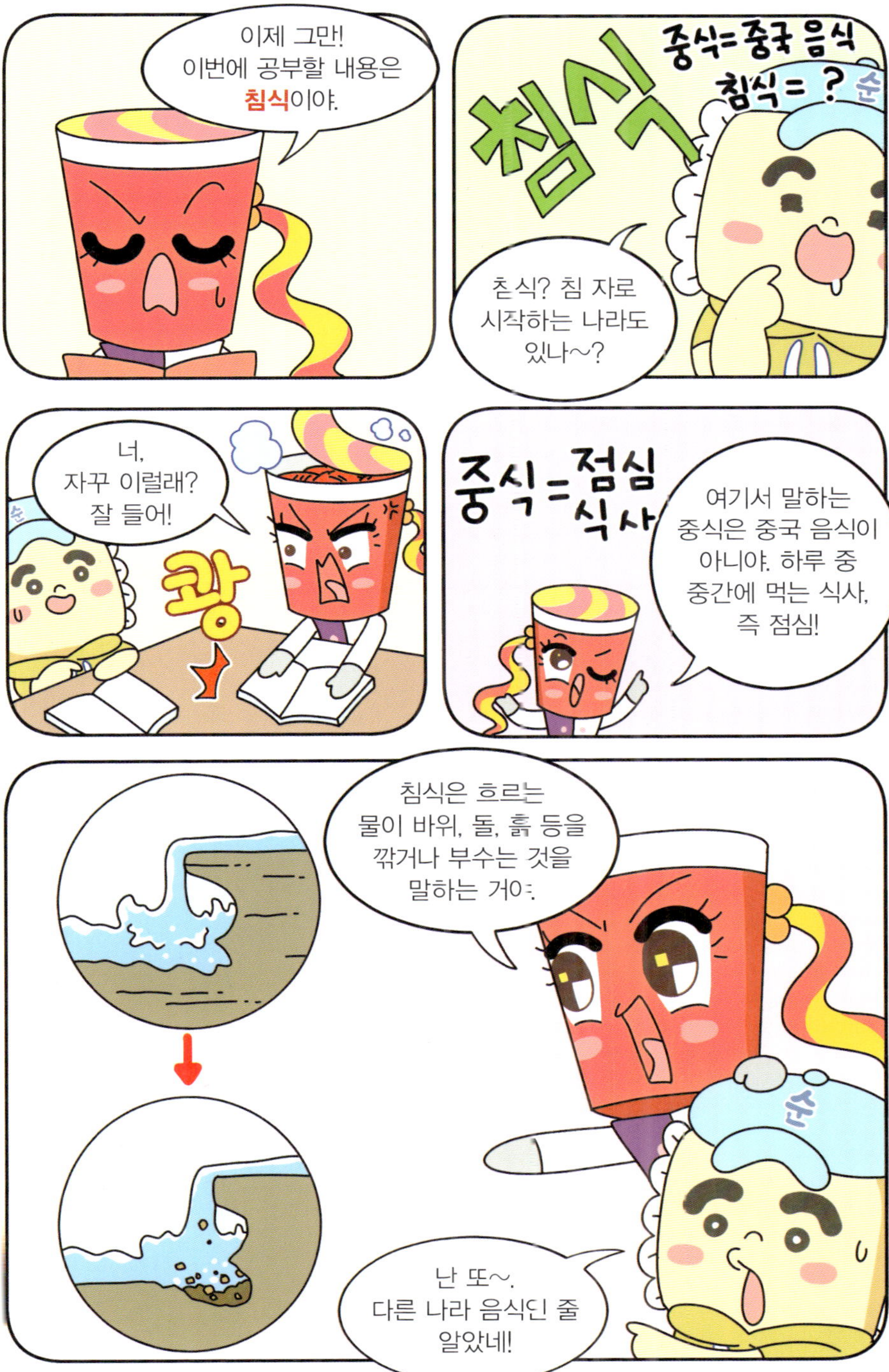

이제 그만!
이번에 공부할 내용은
침식이야.
침식
중식=중국 음식
침식=?
순
춘식? 침 자로
시작하는 나라도
있나~?
너,
자꾸 이럴래?
잘 들어!
광
순
중식=점심
식사
여기서 말하는
중식은 중국 음식이
아니야. 하루 중
중간에 먹는 식사,
즉 점심!
침식은 흐르는
물이 바위, 돌, 흙 등을
깎거나 부수는 것을
말하는 거야.
순
난 또~.
다른 나라 음식인 줄
알았네!

컵라면의 밑줄 짝!

침식 → 운반 → 퇴적, 돌과 흙의 한살이?

침식, 운반, 퇴적은 한꺼번에 공부하면 좋아.

浸 잠길 침, 蝕 갉아먹을 식

☞ 물이 바위, 돌, 흙 등을 깎거나 부수는 것.

運 옮길 운, 搬 옮길 반

☞ 침식 작용으로 생긴 돌이나 흙 등이 흐르는 물을 따라 다른 곳으로 이동하는 것.

堆 흙무더기 퇴, 積 쌓을 적

☞ 운반된 돌이나 흙 등이 쌓이는 것.

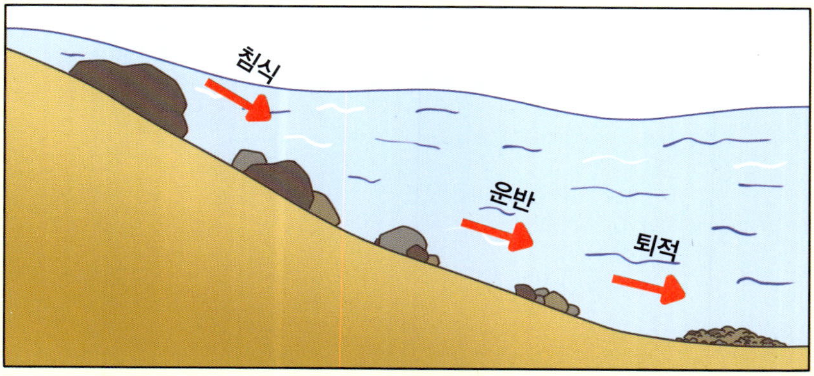

강물은 강이 시작되는 위쪽(상류)에서 아래쪽(하류)으로 흘러. 오랜 시간에 걸쳐 흐르면서 땅의 생김새(지형)를 변화시키지.

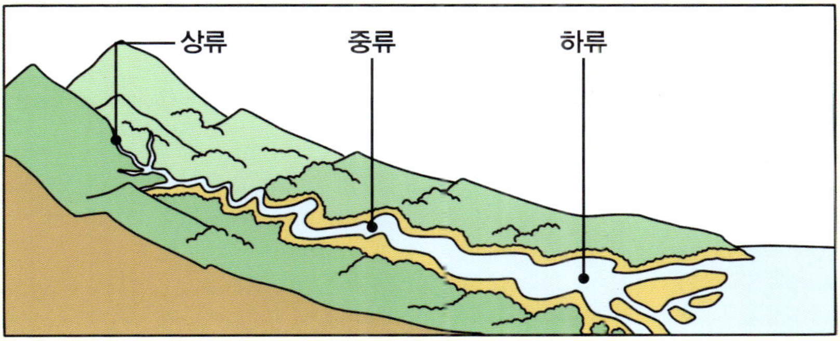

강 상류는 강폭이 좁고 물의 흐름이 빨라서 침식 작용이 잘 일어나.
강 중류는 상류보다 물의 빠르기가 느리고, 많은 양의 물이 흘러 운반 작용이 잘 일어나지.
강 하류는 물의 흐름이 느려 퇴적 작용이 잘 일어나.

화산

이번엔
화산 차례야.
내가
좋아하는
화산!
쾅!
나 화산에
꼭 한번
가 보고 싶어!
뜨끈
분화구 속이
어떻게 생겼나 궁금하고,
뜨거운 온천 호수도
구경하고 싶어!
뜨끈
화산?
거기 유명한
산이야?
순
언제 갈 건데?
나도 같이 갈래!
헤헤

콰
앙!
피해!
피허~!
너 정말
화산도 모르는
거야? 응?
농담이야,
농담~!

컵라면의 밑줄 쫙!

조심해, 언제 터질지 몰라!

땅속 깊은 곳에서 암석이 지구 내부의 열로 녹아 반액체가 된 물질을 마그마라고 해. 이 마그마가 땅을 뚫고 나오는 지형이 **화산**이지.
화산이 터지면 꼭대기에서 용암과 함께 여러 물질이 쏟아져 나와.
이것을 화산 활동이라고 하고, 이때 나오는 다양한 고체, 액체, 기체 물질들을 화산 분출물이라고 해.

화산 암석 조각(고체): 크고 작은 돌덩이.
화산재(고체): 알갱이 크기가 작은 돌가루.
화산 가스(기체): 여러 가지 기체가 섞인 수증기.
용암(액체): 마그마가 땅 밖으로 나와 흐르는 것.

화산은 현재 활동 상태에 따라 다음과 같이 나눠.

활화산

지금도 활동하는 화산
예) 백두산

휴화산

과거에 활동했지만, 지금은 멈춘 화산
예) 일본 후지산

사화산

활동 가능성이 낮은 화산
예) 우간다 엘곤산

컵라면은
활화산인 게 분명해!

화산은 우리 생활에 피해를 주기도 하고, 도움을 주기도 해.

① 화산재: 화산재가 하늘을 덮으면 비행기가 오가는 것을 어렵게 만들어. 또 화산재가 논밭을 뒤덮으면 작물이 잘 자라지 못해.

② 화재: 용암이나 화산 암석 조각이 화재를 일으킬 수 있어.

③ 지열 발전: 화산 주변 땅속 열을 전기 에너지로 바꿀 수 있어.

④ 온천: 땅속 열이 지하수를 뜨겁게 데운 것이 온천이야. 온천이나 화산의 독특한 지형은 관광지로 이용돼.

⑤ 농사: 땅에 쌓인 화산재는 오랜 시간이 지나면 땅을 기름지게 만들어 농사에 도움이 돼.

현무암과 화강암

으…
꽝!
으아악!
꽈당
헉!
지표 가까이에서 용암이 빠르게 식어 돌이 되는 중.
누가 나 좀 도와줘~!
마그마가 땅속 깊은 곳에서 서서히 식으면서 돌이 되는 중.

순한맛 필기 노트

① **화성암:** 마그마나 용암이 식으면서 굳어져 만들어진 암석. 우리 주변에서 볼 수 있는 화성암으로 **현무암**과 **화강암**이 있음.

② **현무암과 화강암의 특징**

현무암

- 용암이 지표 가까이에서 빠르게 식으면서 굳어져 만들어짐.
- 색깔이 어둡고 알갱이 크기가 작음.
- 보통 구멍이 많지만, 구멍 없는 현무암도 있음.

화강암

- 마그마가 땅속 깊은 곳에서 서서히 식으면서 굳어져 만들어짐.
- 색깔이 밝고 알갱이 크기가 큼.
- 반짝이는 알갱이가 있음.

지진

아하하,
지진이 아니었네.
다행이야!
다행은 무슨!
어떻게 나만 두고
갈 수 있어?!
섭섭
휴
진짜
지진이 아니니까
다행이지~.
에이,
너무 놀라서 그랬어.
미안해, 화 풀어.
재잘
재잘
치! 나는
피하더니, 쟤네랑은
잘만 노네….

컵라면의 밑줄 쫙!

지진이 나도 정신만 차리면 산다?

뉴스에서 지진 소식을 들은 적 있지? **지진**은 지구 깊은 곳에서 생긴 힘이 퍼져 나가며 땅이 흔들리는 현상이야. 지진은 세계 곳곳에서 끊임없이 발생해.

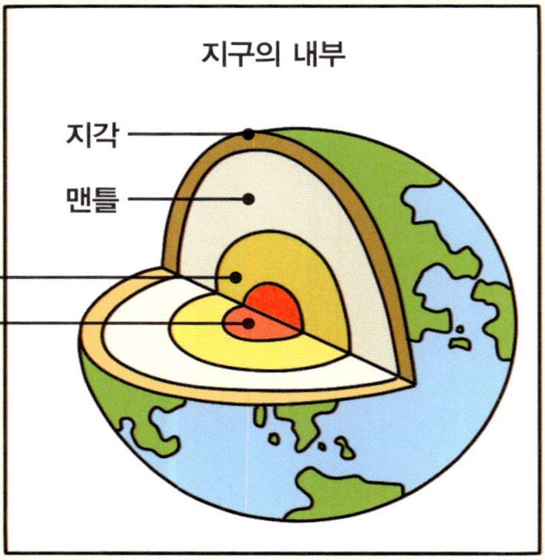

지진의 크기는 규모, 세기는 진도로 나타내. 이 둘의 숫자가 클수록 강한 지진이지. 강한 지진이 발생하면 땅이 갈라지거나 산사태가 일어나고, 도로나 건물이 무너져 사람이 죽거나 다치는 피해가 생겨.
지진 때문에 바닷물이 크게 흔들리면서 거대한 파도가 닥치기도 해. 이것을 지진 해일(쓰나미)이라고 하는데, 지진으로 바다에서 엄청난 파도가 생긴다니, 지진의 힘은 정말 어마어마하지?

무서운 지진은 도대체 왜 일어나는 거야?

그 이유를 지금 바로 가르쳐 줄게!

우리가 사는 땅인 지층은 자갈, 모래, 진흙 등이 층층이 쌓이고 굳어져 만들어져.
이 지층이 지구 내부의 힘을 오랫동안 받으면 끊어지거나 휘어지지.
이 현상이 바로 지진이야.

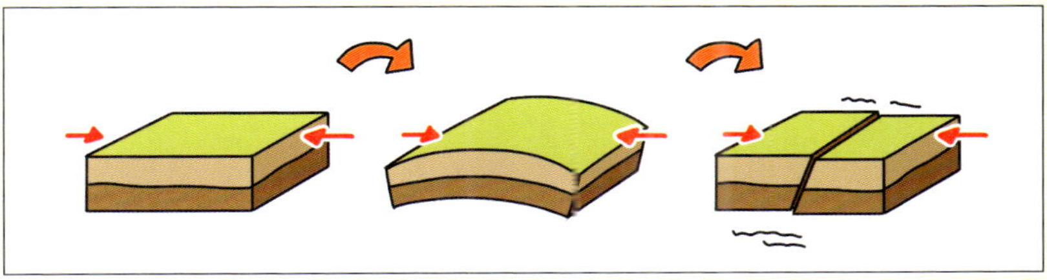

①	②	③
지층이 힘을 받음.	**지층이 더 큰 힘을 받아 휘어짐.**	**지층이 끊어지거나 미끄러짐.**

지진은 예고 없이 갑자기 발생하기 때문에, 평소에 대처 방법을 기억해 두면 피해를 줄일 수 있어.

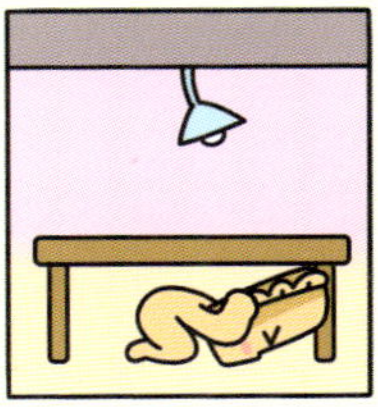

식탁이나 탁자 밑에서 몸 보호하기.

가스와 전기 차단하기.

갇히지 않게 문 열기.

건물이나 벽 주변에서 멀리 떨어지기.

엘리베이터 대신 계단 이용하기.

슬리퍼 말고 운동화 신기.

운동장 등 넓은 곳으로 대피하기.

떨어지는 물건이 없는 곳으로 대피하기.

태양과 태양계

순한맛 필기 노트

① **태양**: 스스로 빛을 내는 천체로, 우리가 살아가는 데 필요한 대부분의 에너지를 태양에서 얻음. 천체는 별, 행성, 달 등 우주에 있는 모든 물체를 뜻함.

② **태양계**: 태양이 영향을 미치는 공간과 그 공간을 이루는 천체들.

❶ 수성: 낮과 밤의 온도 차가 매우 큼.

❷ 금성: 온도가 매우 높음.

❸ 지구: 태양계에서 생명체가 존재하는 유일한 행성.

❹ 화성: 물이 흐른 흔적이 있음.

❺ 목성: 태양계 행성 중 크기가 가장 큼.

❻ 토성: 크고 밝은 고리가 있음.

❼ 천왕성: 옆으로 누워서 돎.

❽ 해왕성: 태양계에서 가장 바깥쪽에 있는 마지막 행성.

별과 행성

순한맛 필기 노트

① **별**: 태양처럼 스스로 빛을 내는 천체. 항성이라고도 함.

② **행성**: 중심 별의 주위를 돌고 있는 천체. 스스로 빛을 내지 못하지만, 별의 빛을 반사하여 밝게 보임.

③ **별과 행성의 공통점과 차이점**

	공통점	차이점
별	밝게 빛나는 작은 점으로 보이고 대부분 둥근 형태.	밤하늘에서 위치가 거의 변하지 않음.
행성		별들 사이에서 위치가 변함. → 태양 주위를 돌고 있기 때문임.

④ **별자리**: 밤하늘에 무리 지어 있는 별을 연결해 신화 속 인물이나, 동물, 물건의 이름을 붙인 것. 우리나라의 북쪽 하늘에 있는 별자리는 항상 북쪽에서 볼 수 있음. 북쪽 별자리를 이용하면, 밤에도 동서남북 방향을 찾을 수 있음.

▲ 우리나라 북쪽 하늘의 별자리

습도

순한맛 필기 노트

① 습도: 공기 중에 수증기가 포함된 정도.
습도가 높을수록 공기가 축축하게 느껴지고, 반대로 낮을수록 건조한 느낌을 줌.

② 습도가 우리 생활에 주는 영향

습도가 높을 때	습도가 낮을 때
• 세균과 곰팡이가 잘 생긴다. • 음식이 쉽게 상한다. • 빨래가 잘 마르지 않는다. • 머리카락이 눅눅해진다.	• 피부가 건조해진다. • 감기 같은 호흡기 질환에 걸리기 쉽다. • 빨래가 잘 마른다. • 산불 위험이 높아진다.

③ 습도를 조절하는 방법

습도가 높을 때	습도가 낮을 때
• 공기 중 수증기를 빨아들이는 제습기를 사용한다. • 숯이나 신문지를 방 안에 놓는다.	• 수증기를 내뿜는 가습기를 사용한다. • 방 안에 젖은 수건을 걸어 둔다.

지금 내 마음의 습도는 너무 높아.
제습기가 필요해.

이슬, 안개, 구름

지금쯤이면
매운맛 감기가 다 나았겠지?
컵라면이랑 공부하는 것보다는
그래도 매운맛이랑….
순
순
엇,
매운맛이다!
아니네….
멈칫
휙
엇,
매운맛이다!
멈칫
또 아니네….

너 뭐 하냐?
엇, 진짜
매운맛이다!
너인 것 같아서
따라갔는데
아니더라고.
안개 때문에
헷갈렸나 보네.
왜 삐진 것 같은
느낌이 들지?
농담이라도
걸어 볼까…?
있잖아,
안개의 반대말이
뭐게?
반대말이 있어?
비슷한 듯 다른
이슬이려나?
안개
밖 개
땡! 안개의 반대말은 밖 개!
풉!
에휴.
힝,
우리 사이엔
구름만
잔뜩 꼈네.

순한맛 필기 노트

① 이슬, 안개, 구름

이슬: 공기 중 수증기가 차가워진 풀잎이나 자동차 같은 물체에 닿아 물방울로 맺히는 것.

안개: 공기 중 수증기가 밤사이 차가워진 땅 가까이에서 작은 물방울로 변해 부옇게 떠 있는 것.

구름: 공기 중 수증기가 물방울이나 얼음 알갱이로 엉겨서 공중에 떠 있는 것.

이슬

안개

구름

② 공통점과 차이점

공통점	차이점
• 이슬, 안개, 구름은 모두 수증기가 응결해 생긴다. (응결: 기체인 수증기가 액체인 물로 상태가 변하는 것.)	• 이슬, 안개, 구름은 만들어지는 위치가 다르다. • 이슬은 주로 풀잎에서, 안개는 땅 근처에서, 구름은 하늘에서 나타난다.

구름에서 비와 눈이 어떻게 만들어지지?

③ 비와 눈이 내리는 과정

• 구름 속 작은 물방울들이 합쳐지면서 무거워져 땅으로 떨어지면 비가 됨.

• 구름 속 얼음 알갱이가 합쳐지면서 무거워져 떨어질 때 녹으면 비가 되고, 녹지 않은 채로 떨어지면 눈이 됨.

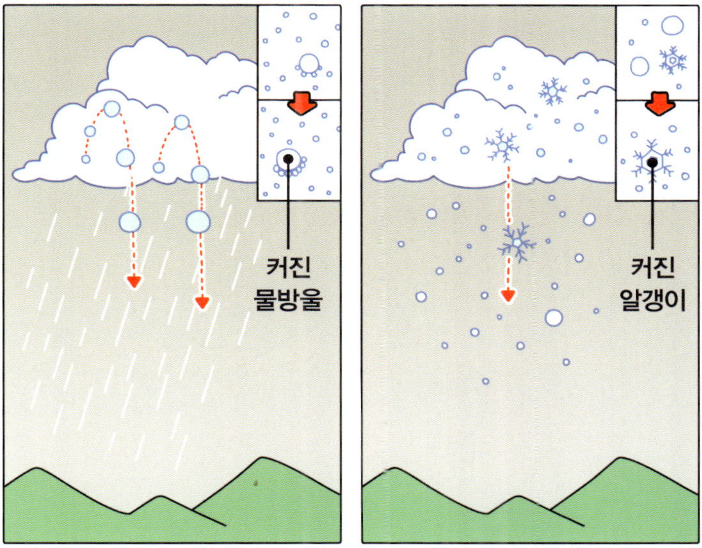

구름 속 물방울이나
얼음 알갱이가
무거워져 떨어지면

비나 눈이
되는 거구나!

기압과 바람

무슨 일 있어? 아침부터 기분이 안 좋아 보이네.
내가 재밌는 얘기해 줄까?
찡긋
나 기분이 저기압이거든. 말 걸지 말아 줄래?
갸웃
기분이 저기압이라고?
저기압? 고기 앞?
우리 아빠가 기분이 저기압일 때는 고기 앞으로 가야 한다고 했는데!
하하
앗, 갑자기 바람이? 추워!
쌩

순한맛 필기 노트

① 기압: 공기의 무게로 생기는 힘.

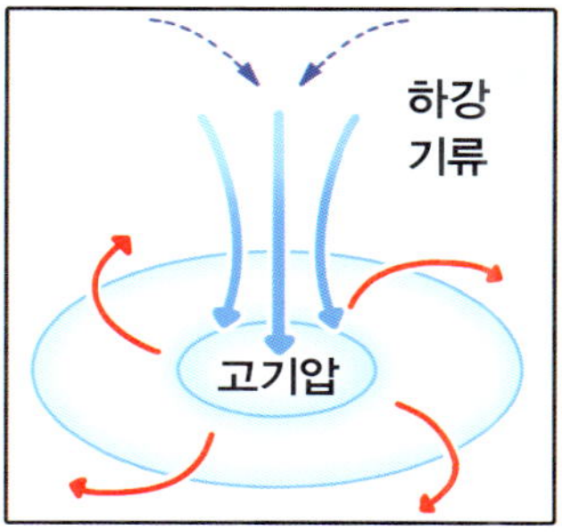

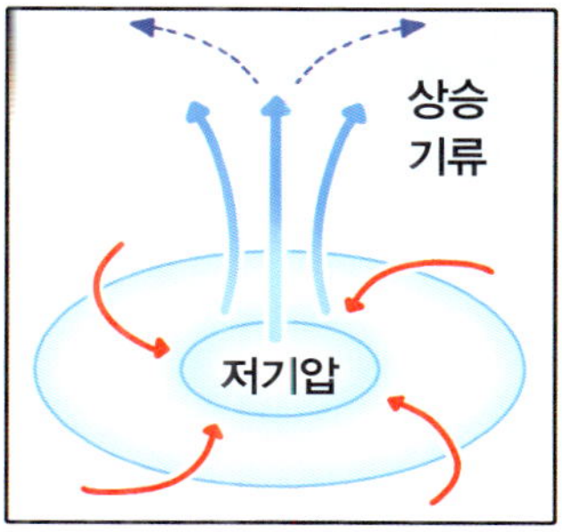

	고기압	저기압
기압	주변보다 기압이 높음.	주변보다 기압이 낮음.
바람 방향	중심에서 시계 방향으로 빠져나감.	중심을 향해 시계 반대 방향으로 들어옴.
기류	아래로 내려가는 하강 기류.	위로 올라가는 상승 기류.
날씨	대체로 맑고 건조한 날씨가 나타남.	흐리고 비나 눈이 내리기도 함.

② 바람: 기압이 높은 곳(고기압)에서 낮은 곳(저기압)으로 이동하는 공기의 흐름.

그러니까 기압 차이로
공기가 이동하는 게
바람인 거네!

자전

〈오늘 할 일〉
· 부셔부셔랑 게임하기 √
· 부셔부셔랑 떡볶이 먹기 √
· 책상 정리하기
· 컵라면이랑 공부하기
컵라면
매운맛
이제 컵라면 말고 매운맛이랑 같이 공부해야겠어.
그나저나, 매운맛 기분이 좀 풀려야 할 텐데….
부셔부셔랑 떡볶이 먹기 √
부셔부셔랑 떡볶이 먹기
책상 정리하기
컵라면이랑 공부하기
매운맛
매운맛 기분 풀어 주기
슥 슥
어휴, 왜 이렇게 할 일이 많은 거야?

어? 오늘도 벌써 다 지나갔네. 할 일이 많이 남았는데….
뉘엿 뉘엿
밤이 오지 않고 낮만 계속되면 얼마나 좋을까?
엄마, 낮과 밤은 왜 생기는 거예요? 낮만 있으면 좋을 텐데요.
지구는 하루에 한 바퀴씩 서쪽에서 동쪽으로 돌고 있거든 이걸 자전이라고 해.

그런데
낮만 있으면 잠은
언제 자게?
지구에 밤이 없고
낮만 계속된다면….
낮만 계속되면
좋겠다며?
헐레
벌떡
할 일
이게 뭐야!
잠도 못 자고, 할 일만
많아지잖아!

어? 근데 지구가
자전해서 왜 낮과 밤이…
생겨요?
직접 실험해
보면 이해하기
쉬울 거야.
이것 봐. 전등(=태양)
불빛을 받은 쪽은 밝은데
반대쪽은 어둡지?
번쩍
지구의 자전을
따라 지구본을 이렇게
돌리면?
휙
아!
아까 밝았던 곳이랑
어둡던 곳이랑 완전
반대가 됐네요!

서
동
지구본을 서쪽에서 동쪽으로 돌리면, 지구본 위에서는 전등 빛이 동쪽에서 떠올라 서쪽으로 지는 것처럼 보일 거야.
아하!
그렇지!
알고 보면 전등은 가만히 있는데 말이죠?
마치 달리는 버스 안에 앉아 창밖을 보면,
밖에 있는 나무들이 뒤로 움직이는 것처럼 느껴지지.
사실 나무는 가만히 있고 버스만 움직인 건데 말이야.
그러니까, 우리가 있는 지구가 움직이고 태양은 가만히 있지만, 우리 눈에는 태양이 동쪽에서 떠서 서쪽으로 지는 것처럼 보인다는 거죠?
그렇지. 이렇게 지구가 자전하면서 태양 빛을 받은 지역은 낮이 되고, 태양 빛을 받지 못한 지역은 밤이 되는 거란다.

순한맛 필기 노트

① 지구의 **자전**: 지구가 북극과 남극을 이은 가상의 선인 자전축을 중심으로 하루에 한 바퀴씩 스스로 도는 것. 지구는 서쪽에서 동쪽으로 자전함.

② 지구의 자전으로 나타나는 현상

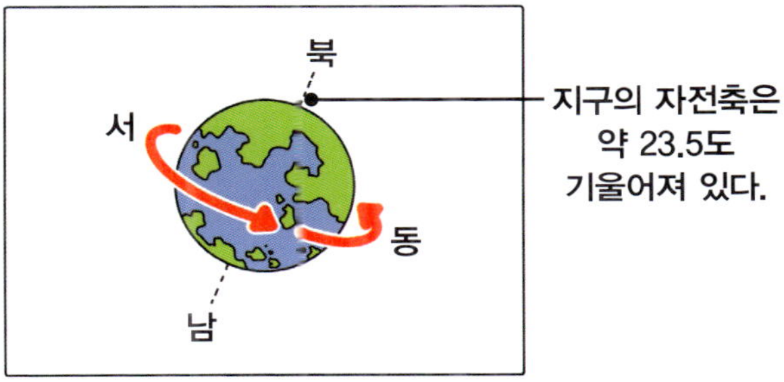

지구가 자전하기 때문에 태양, 달, 별이 하루 동안 동쪽 하늘에서 서쪽 하늘로 움직이는 것처럼 보임.

지구가 자전하면서 태양 빛을 받는 지역은 낮이 되고, 태양 빛을 받지 못하는 지역은 밤이 됨.

지구가 태양 주위에서 자전하기 때문에 낮과 밤이 생기는 거네!

공전

잠깐! 너 혹시,
공전을 모르는 건
아니지?
울컥
뭐?
내가 그걸
왜 몰라?
내가 공전을
얼마나 잘 알고
있는지 잘 봐.
부릅!
어? 그거,
전등은 태양,
지구본은 지구!
맞지?
어라? 공부 좀
했나 보네?
휙
지구는
태양 주위를 일정한
길을 따라 일 년에
한 바퀴씩 도는데, 이것이
바로 공전이야.
너도
지구라고 생각하고
한번 돌아 봐.
휙
휙

어때? 각 위치에 따라 보이는 교실의 모습도 달라지지?
오, 정말 달라 보이네?
순한맛 눈에 보이는 교실의 모습
이처럼 지구가 공전하며 위치가 변하기 때문에 계절에 따라 보이는 별자리도 달라져.
다다다
야! 내 말 안 듣고 장난치냐?
으으, 자전도 하면서 공전도 했더니 너무 어지러워!
어질

순한맛 필기 노트

① **지구의 공전**: 지구가 태양을 중심으로 일 년에 한 바퀴씩 회전하는 것.
지구는 서쪽에서 동쪽으로 공전함.

② **지구의 공전으로 나타나는 현상**

지구가 태양 주위를 돌면서 지구의 위치가 변하기 때문에 계절에 따라 보이는 별자리가 달라짐.

계절별 대표 별자리는 저녁 9시 무렵에 남쪽 하늘을 바라보고 서 있을 때, 머리 위나 남쪽에서 볼 수 있는 별자리를 뜻함.

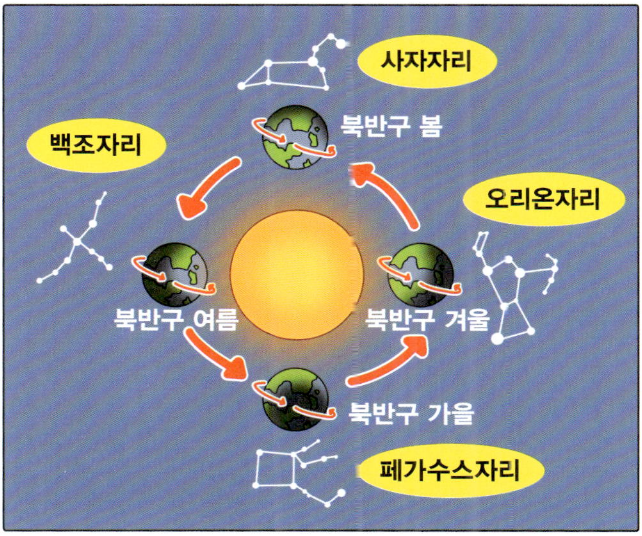

태양 고도

내가
생각해 봤는데
너는 진짜 태양
같아.
뭐라는
거야?
왜 이래
태양이 높이
떠야 따뜻한 거
알지?
얼른 높이 떠라~!
너 없이
공부하니까
내 마음이 겨울
같았어.
춥고
외롭고….

흥! 나만 빼고 편의점 팀이랑 잘만 놀더니.
앗, 언제 봤어?
그건 네가 감기 걸려서 잠깐 그랬던 거고…. 나는 네가 더 좋아! 진짜야!
으아아
저기, 혹시 내가 너 빼고 편의점 팀이랑 놀아서 삐졌던 거야?
뜨끔
안 삐졌거든?
에이, 맞네. 확실히 삐졌네.
어쨌든, 내가 태양이라는 거지?
시끄럽고, 빨리 공부나 시작하자! 태양 고도는 말이야!
번뜩!
이, 이렇게 바로?

매운맛 강의 노트

겨울은 왜 추울까? 정답은 태양 고도에 숨어 있어!

동쪽에서 떠서 서쪽으로 지기까지, 하루 동안 태양의 높이는 계속 달라져. 태양의 높이는 태양이 지표면과 이루는 각으로 나타내는데, 이를 **태양 고도**라고 해.

太 클 **태**, 陽 볕 **양**, 高 높을 **고**, 度 정도 **도**
☞ 태양이 지표면과 이루는 각.

태양 고도는 점점 높아지다가 정확히 남쪽에 있을 때 가장 높고 그 뒤로 점점 낮아져. 태양이 정남쪽에 위치했을 때를 '남중'했다고 하고, 이때의 고도를 **남중 고도**라고 해.

南 남녘 **남**, 中 가운데 **중**, 高 높을 **고**, 度 정도 **도**
☞ 태양이 정남쪽에 위치했을 때 태양 고도.

태양 고도가 높아질수록 그림자 길이는 짧아지고 기온은 점점 올라가지.

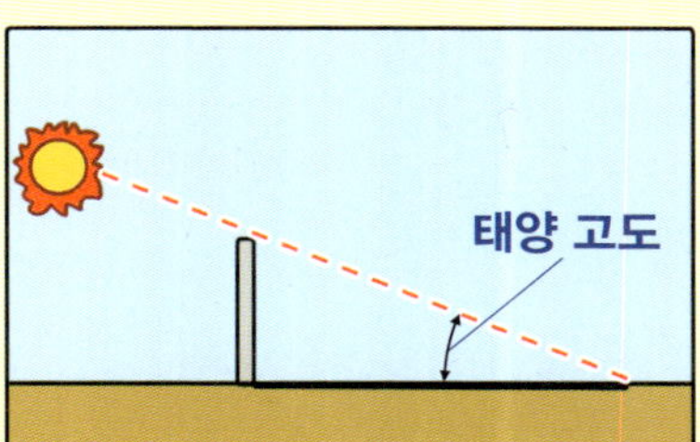

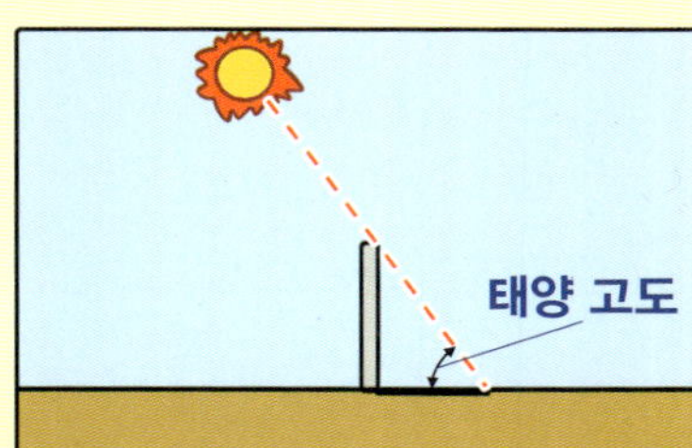

지구는 자전축이 기울어진 채로 태양 주위를 공전하고 있잖아?
그래서 지구 위치에 따라 계절과 태양의 남중 고도가 달라져.

여름에는 태양의 남중 고도가 높아서 낮의 길이가 길어지거든.
그만큼 태양 에너지를 많이 받으니까 기온이 높지.

반대로 겨울에는 태양의 남중 고도가 낮아서 낮의 길이가 짧아져.
그만큼 태양 에너지를 적게 받으니까 기온도 낮은 거야.

여름

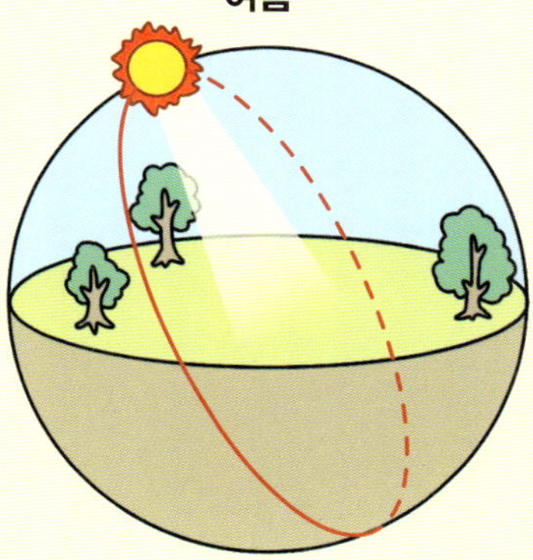

**태양의 남중 고도가 높아서 낮이 길다.
= 태양 에너지를 많이 받아 기온이 높다.**

겨울

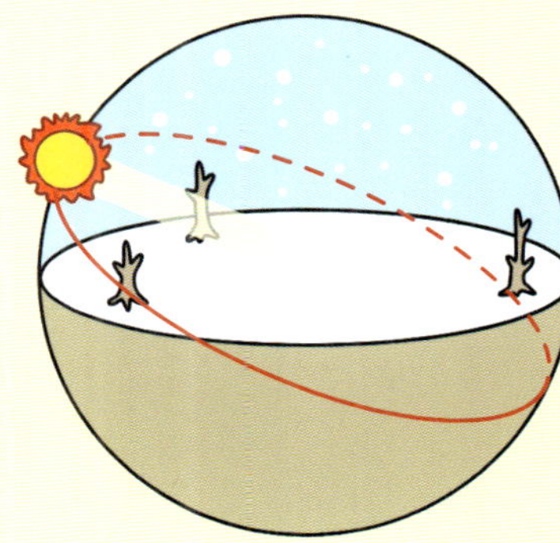

**태양의 남중 고도가 낮아서 낮이 짧다.
= 태양 에너지를 적게 받아서 기온이 낮다.**

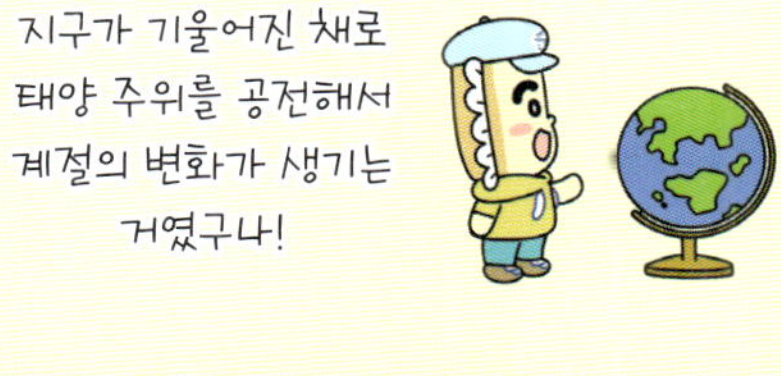

한 젓가락 더!

1 다음 설명을 읽고 맞으면 ○표, 틀리면 ×표 해 보세요.

(1) 강은 상류에서 하류로 흐르며 다양한 지형을 만든다. (　　　　)

(2) 강 상류에서는 운반 작용보다
침식 작용이 활발히 일어난다. (　　　　)

(3) 강 하류에서는 물의 흐름이 가장 빨라
퇴적 작용이 일어난다. (　　　　)

2 다음 설명과 보기 의 초성을 보고 빈칸에 들어갈 답을 완성해 보세요.

화산은 땅속 깊은 곳의 (　　　　)가 땅을 뚫고 나와
만들어진 것으로, 화산이 터지면 꼭대기에서 용암과 함께
고체, 액체, 기체 등 여러 분출물이 쏟아져 나온다.

보기

ㅁㄱㅁ

(　　　　　　)

3 지진이 발생했을 때 대처 방법으로 틀린 것을 고르세요.

① 탁자 밑에서 몸을 보호한다.

② 가스와 전기를 차단한다.

③ 건물이나 벽 주변에서 멀리 떨어져 있는다.

④ 엘리베이터를 이용해 빠르게 대피한다.

⑤ 공원, 운동장 등 넓은 곳으로 대피한다.

4 과학 어휘와 설명을 알맞게 짝지어 보세요.

(1) 이슬 •

(2) 안개 •

(3) 구름 •

• ① 공기 중 수증기가 차가워진 물체에 닿아 물방울로 맺히는 것

• ② 공기 중 수증기가 물방울이나 얼음 알갱이로 엉겨서 공중에 떠 있는 것

• ③ 공기 중 수증기가 밤사이 차가워진 땅 가까이에서 작은 물방울로 부옇게 떠 있는 것

5 빈칸에 들어갈 알맞은 말을 각각 채워 표를 완성해 보세요.

지구의 (①)

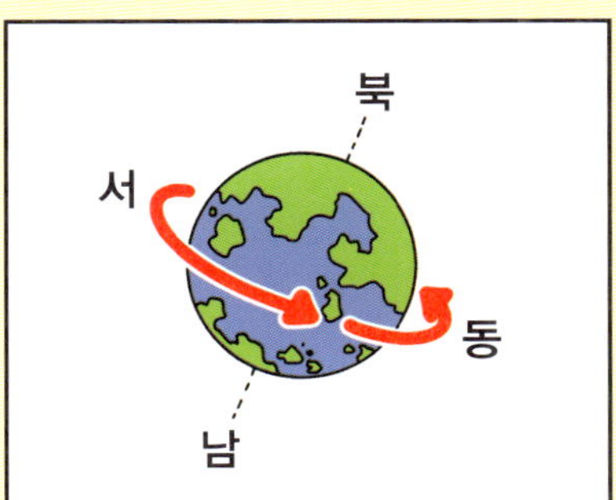

지구가 하루에 한 바퀴씩 스스로 도는 것.

(②) 빛을 받는 지역은 낮이 되고, 받지 못하는 지역은 밤이 됨.

지구의 공전

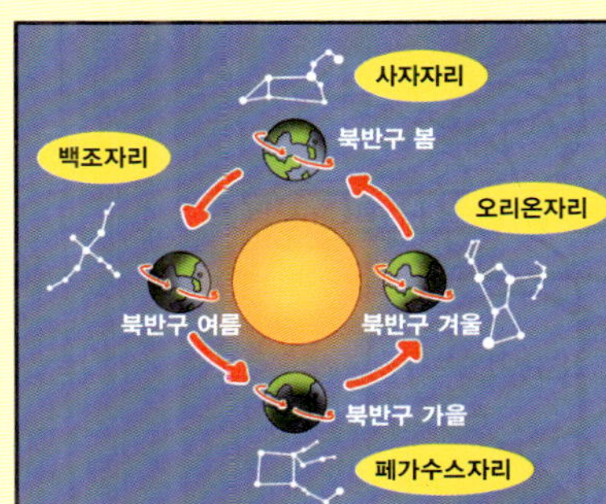

지구가 (②)을 중심으로 일 년에 한 바퀴씩 회전하는 것.

지구가 공전하면서 (③)에 따라 보이는 별자리가 달라짐.

① (　　　　　　) ② (　　　　　　) ③ (　　　　　　)

아래 설명에 맞는 과학 기구 체크 체크!

자석의 성질을 이용해 방향을 측정하는 기구.

- [ ] 현미경
- [ ] 돋보기
- [ ] 나침반

4화 물오른 물리

우린 자석의 S극과 N극이야!

힘

얘들아!
내가 도와줄까?
파 삼촌~!
어른이어도
힘드실걸요? 병따개가
없어요.
병따개는
없어도 돼. 혹시
쇠 자 있니?
여기요.
근데 자는 왜요?
지레의 원리를
이용하면 작은 힘으로도
큰 힘을 낼 수 있거든.
지레: 막대의 한 점을 받쳐서
그 점을 중심으로 물체를
움직이게 하는 도구.
이렇게 병뚜껑을
자로 잘 받쳐서
누르면….
꾹
뻥!
와아~!

파 삼촌의 한마디

힘이 부족할 때는 도구를 써!

생활 속에서 힘은 흔히 능력이나 기운을 말하지? 그런데 과학에서는 뜻이 조금 달라. 과학에서 힘은 물체를 움직이거나 물체의 모양을 변하게 하는 작용을 뜻해.

힘과 관련된 현상

카트를 밀면 카트가 굴러간다.

상자를 들면 상자가 움직인다.

문을 당기면 문이 열린다.

풍선을 누르면 모양이 변한다.

물체의 무게가 무거울수록 움직일 때 큰 힘이 들어. 만약 힘이 충분하지 않으면 물체를 움직일 수 없지.

힘이 부족할 때는 도구를 쓰면 편해. 지레나 빗면 같은 도구를 이용하면 드는 힘의 크기를 줄일 수 있거든.

지레: 막대의 한 곳을 받치고 작은 힘으로 물체를 움직이게 하는 도구.

빗면: 비스듬히 기울어진 면을 이용해 작은 힘으로 물체를 움직이게 하는 도구.

그럼 생활 속에서 지레와 빗면이 어떻게 이용되는지 살펴볼까?

 **박힌 못을 쉽게 뺄 수 있다.**

 **병뚜껑을 쉽게 열 수 있다.**

 **손톱을 쉽게 깎을 수 있다.**

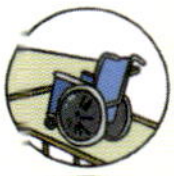 **빗면을 따라 물체를 쉽게 움직일 수 있다.**

 **빗면을 따라 뚜껑을 쉽게 열 수 있다.**

 **빗면을 따라 나사못을 쉽게 박을 수 있다.**

오늘처럼 병따개가 없을 때는 막대 모양 물건을 이용하면 좋아. 막대 한쪽을 병뚜껑 아래에 잘 받친 다음 막대 반대쪽에 힘을 주어 들어 올리면 되지. 하지만 잘못하다가는 손을 다칠 수도 있으니까, 어른께 부탁드리렴!

자석

너희는 볼수록
신기한 것 같아.
응? 뭐가?
성격이
정반대인데 어떻게
함께 팀을 하지?
자석은 같은 극끼리는 밀어 내고 다른 극끼리
끌어당기잖아. 우리도 그런가 봐!
S
N
S
N
내가
S극 할 테니까
너는 N극 해!
싫은데?
나도 S극 할 건데?
N
S
S
N

매운맛 강의 노트

N극과 S극, 반대가 끌리는 이유는?

자석은 철을 끌어당기는 힘을 가진 물체야. 그래서 자석과 철로 된 물건을 가까이 대면 달라붙지.
자석에서 철을 끌어당기는 힘이 가장 센 부분이 극이야. 극은 자석의 양쪽 끝부분에 위치하고 각각 N극과 S극으로 나타내. 보통 N극은 빨간색으로, S극은 파란색으로 표시하지. 자석은 항상 이 두 개의 극이 있는데, 자석을 자르면 자른 조각마다 N극과 S극이 모두 생겨 각각의 자석이 돼.

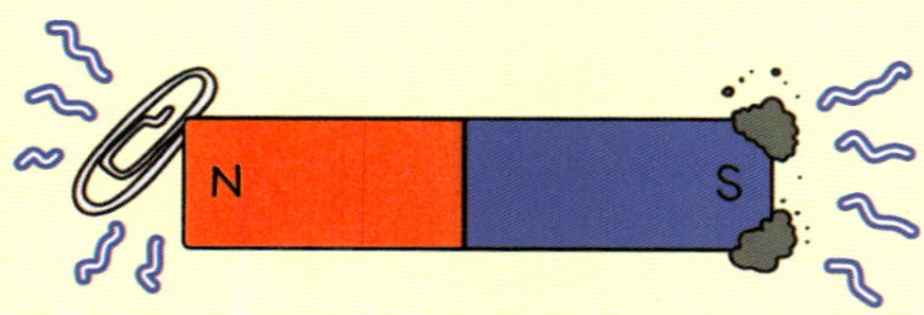

그리고 자석은 같은 극끼리는 밀어 내고, 다른 극끼리는 서로 끌어당기는 성질이 있어.

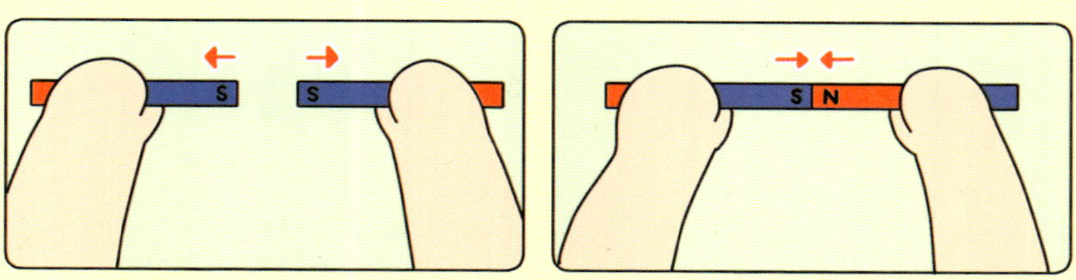

우리가 사는 지구는 마치 커다란 자석과 같아서 북극이 S극, 남극이 N극에 해당하거든. 그래서 실에 막대자석을 매달아 놓으면 N극이 북쪽을, S극이 남쪽을 가리키며 멈춰. 이렇게 일정한 방향을 가리키는 자석의 성질을 이용한 장치가 바로 나침반이야.

지구의 북극

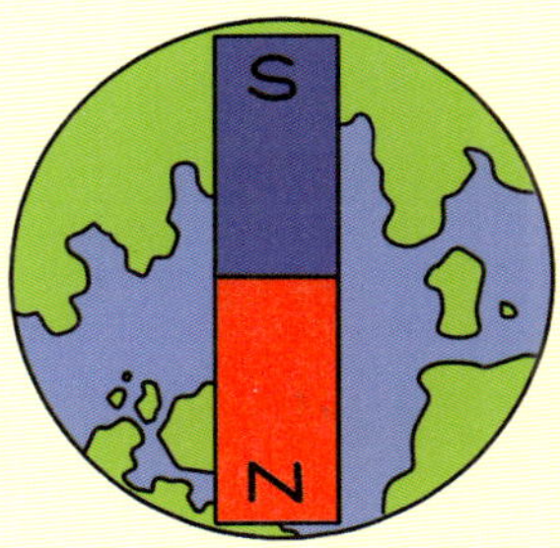

지구의 남극

자석의 성질을 이용해 방향을 측정하는 기구인 나침반

나침반 말고도 자석의 성질을 이용한 장치가 많아. 이런 장치들은 우리 생활을 편리하게 만들어 주지.

자석이 철을 끌어당기는 성질을 이용한 예	자석의 극끼리 서로 끌어당기는 성질을 이용한 예
자석 필통, 자석 드라이버, 냉장고 자석 등.	자석 책갈피, 자석 창문 닦이, 자석 단추 등.

속력

휙
부셔부셔!
어딜 그렇게 급하게 가?
새 도넛 가게가 문을 열었는데, 선착순으로 도넛을 나눠 준대!
빌려 타는 자전거
두리번 두리번
정말? 나도 갈래!
휙

나 먼저 간다!
천천히 와~!
슝
헥
헥
콰릉
순
헉헉…
나, 나는 틀린 것 같아.
너라도 먼저 가!
털썩..
안 돼! 널 두고
갈 순 없어! 우리… 다시
속력을 내 보자!
아아….
세상에
이런 일이….
선착순
도넛 마감
자! 내가
너희 것까지 받았어.
매운맛…!

매운맛 강의 노트

속력은 어떻게 나타낼까?

과학에서는 시간이 지남에 따라 물체의 위치가 변할 때 물체가 운동한다고 말해. 즉, 물체가 처음 있던 자리에서 다른 자리로 이동하면 운동이라고 하지.

> 運 옮길 운, 動 움직일 동
> ☞ 시간이 지남에 따라 물체의 위치가 변하는 것.

물체의 운동은 물체가 이동하는 데 걸린 시간과 이동한 거리를 함께 써 나타내.

처음 **1초 뒤**

같은 거리를 이동한 물체의 빠르기는 이동하는 데 걸린 시간을 비교하면 알 수 있어.

이동한 거리와 이동하는 데 걸린 시간이 모두 다른 물체의 빠르기는 **속력**을 구해 비교할 수 있어.

> 速 빠를 **속**, 力 힘 **력**
> ☞ 1초, 1분, 1시간 등과 같은 단위 시간 동안 물체가 이동한 거리.

속력을 구하는 방법은 다음과 같아.

$$\text{속력} = \frac{\text{이동한 거리}}{\text{걸린 시간}}$$

예를 들어, 1초(s) 동안 2미터(m)를 이동한 자전거의 속력은

$\frac{2\text{m}}{1\text{s}}$ = 2m/s로 나타내고 '초속 2미터' 또는 '이 미터 매 초'라고 읽어. 이 밖에도 속력의 단위에는 km/s(킬로미터 매 초), km/h(킬로미터 매 시) 등이 있어.

참! 속력이 빠른 물체는 바로 멈추기가 어렵고, 그러다 다른 물체와 부딪히면 충격이 크지. 따라서 우리가 자주 접하는 자전거 같은 탈것을 이용할 때는 안전 장치를 잘 갖추고, 교통 규칙을 잘 지켜야 해!

전도와 대류

치이이이
통통
우아, 맛있겠다! 언제 먹을 수 있어요?
다 익을 때까지 조금 더 기다리렴.
그런데요, 철판에 닿지 않은 부분까지 고기가 어떻게 골고루 익는 걸까요?
치이이~
고기를 구울 때는 열이 철판을 따라 이동해. 그리고 열이 철판과 닿은 고기 아래쪽에서 위쪽으로 점점 옮겨 가 고기가 골고루 익지.

이렇게 고체에서 열이 이동하는 현상을 전도라고 해.
그럼 액체에서는 열이 다르게 이동해요?
액체에서는 열을 받아 뜨거워진 아래쪽 물이 위로 올라가고, 위에 있던 차가운 물이 아래로 내려오는 과정을 반복하며 순환해. 그러면서 물 전체 온도가 높아지지.
이렇게 액체 또는 기체가 직접 이동하며 열이 이동하는 방법을 대류라고 하고.
우아, 우리 엄마 진짜 똑똑하다~!
오오

순한맛 엄마의 한마디

열의 이동, 엄마가 알려 줄게!

열은 항상 온도가 높은 곳에서 낮은 곳으로 이동해. 따라서 온도가 다른 물체끼리 서로 닿은 채로 시간이 지나면 두 물체의 온도는 같아져.
고체에서는 열이 온도가 높은 부분에서 온도가 낮은 부분으로 물체를 따라 이동하거든. 이것을 **전도**라고 해.
뜨거운 냄비에 쇠숟가락을 담가 놓으면 열이 점점 이동해 쇠숟가락 전체가 뜨거워지는 것처럼 말이야.

아무리 뜨거운 냄비라고 해도 손잡이가 고무면 잡을 수 있잖아? 그 이유는 금속은 열을 잘 전달하고, 금속이 아닌 물질은 열을 느리게 전달해서야.
이 원리를 이용해 열의 이동을 막아야 할 때 고무, 플라스틱, 나무, 종이 등을 이용하지.

플라스틱 손잡이	나무 받침대	종이 홀더

다리미와 손 사이에 열이 이동하는 것을 막아 준다.	뜨거운 냄비와 식탁 사이에 열이 이동하는 것을 막아 준다.	컵에 담긴 음료와 손 사이에 열이 이동하는 것을 막아 준다.

액체나 기체에서는 온도가 높아진 물질이 위로 올라가고, 위에 있던 물질이 아래로 내려오면서 전체의 온도가 같아져. 이것이 **대류**야.
예를 들어 방에 난방 기구를 켜면 주변의 공기 온도가 높아져 위로 올라가고, 위에 있던 차가운 공기는 아래로 내려오지. 이 과정이 반복되면서 방 전체의 공기가 따뜻해지는 거야.

보통 에어컨 같은 냉방 기구를 위쪽에 두는 이유도 대류 현상을 이용하기 위해서야. 냉방 기구에서 나오는 차가운 공기가 아래로 내려오고, 아래에 있던 따뜻한 공기가 위로 올라가면서 방 전체의 공기를 시원하게 하는 거지!

빛의 굴절

반짝
어? 구슬인가? 잘하면 꺼낼 수 있겠는데?
휙
휙
조금만 더…
첨-벙!
으악~!

분명 가까워 보였거든? 근데 손이 닿지 않았어.
풉
빛의 굴절에 속았네!
빛의… 굴절?
물속에 있는 물체를 물 밖에서 보면 위치와 모양이 다르게 보여.
그 이유는 빛이 꺾이는 굴절 때문이지!
공기 중에서 직진하던 빛이 물속으로 들어갈 때는 경계에서 꺾여. 빛이 물속에서 공기 중으로 나올 때도 경계에서 꺾이고.
공기와 물의 경계에서 굴절하는 빛
이처럼 두 물질의 경계에서 빛이 꺾이는 현상을 빛의 굴절이라고 해.

순한맛 필기 노트

① **빛의 굴절**: 서로 다른 물질의 경계에서 빛이 꺾여 나아가는 현상.

② 공기와 물의 경계에서 빛이 굴절할 때 나타나는 현상

- 물속에 있는 물체는 실제 위치보다 얕은 곳에 있는 것처럼 보임.
- 물속에 있는 물체는 위아래 길이가 실제보다 짧아 보임.
- 물속에 있는 물체는 물의 표면에서 꺾여 보이기도 함.

③ 빛의 굴절 원리를 이용한 볼록 렌즈: 빛이 가운데가 볼록한 볼록 렌즈를 통과할 때 굴절되며 한곳으로 모임. 볼록 렌즈로 물체나 풍경을 보면 크게 확대되어 보이거나 위와 아래, 왼쪽과 오른쪽이 뒤집혀 보임.

사진기	현미경	돋보기안경
	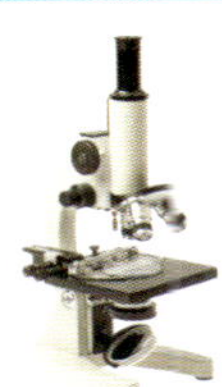	
빛을 모아 사진을 찍을 수 있음.	작은 물체나 생물을 확대해서 볼 수 있음.	작은 글씨를 확대해서 볼 수 있음.

전자석

옷 갈아입으러 집에 온 김에, 집에서 할 수 있는 과학 공부를 해 보자!
이것들의 공통점이 뭐게?
에이, 전기를 이용한 가전제품이잖아!
맞긴 하지만, 내가 원한 답이 아니야.
합
정답은… 전자석!
네가 원한 답이 뭔데?

자석이면
자석이지, 전자석은
또 뭐야?
전자석은 전기가
흐르는 전선 주위에
자석의 성질이
나타나는 것을 이용해
만든 자석이야.
보통 연철(성질이 약한 철) 막대기에 구리줄을
감아 만들지.
우리가 흔히 생각하는 자석은
영구* 자석이야.
영구 자석은
① 언제나 자석의 성질이 나타나.
② 자석의 세기도 일정해.
③ 자석의 N극과 S극이 일정하지.
* **영구(永久):** 어떤 상태가 시간상으로
무한히 이어짐.
전자석은
① 전기가 흐를 때만 자석의
성질이 나타나.
② 전자석의 세기를 조절할 수 있어.
③ 전자석의 극도 바뀌어.
▲ 우리 주변의 전자석

순한맛 필기 노트

① 전자석: 전기가 흐를 때만 자석의 성질이 나타나는 일시적 자석.

② **전자석을 이용한 전동기**: 전기를 흘리면 전자석으로 바뀌어, 전자석과 영구 자석 사이에 서로 밀어 내거나 끌어당기는 힘이 작용해 전동기(모터)가 돌아감.

③ **전자석의 이용**

이름	그림	설명
세탁기		전동기를 이용해 세탁기 통을 돌려 빨래를 깨끗하게 함.
선풍기		전동기를 이용해 날개를 회전시켜 시원한 바람을 일으킴.
스피커		전동기를 이용해 얇은 판을 떨리게 해 소리를 냄.
진공 청소기		전동기를 이용해 티끌과 먼지를 빨아들여 청소함.
자기 부상 열차		바퀴 대신 전자석의 밀어 내는 힘을 이용해 열차를 공중에 띄워서 움직임.
전자석 기중기		전자석의 성질을 이용해 금속 물건을 들어 올렸다가 내려놓으며 옮김.
전자석 잠금장치		전자석의 성질을 이용해 문을 잠그고 있다가, 신호가 들어오면 전기를 차단해 문을 엶.

매운맛이 전자석이라면?
공부하기 싫을 때 전기를
끊으면 되잖아!

에너지

웃지 마!
어두워도 너 웃는 거
다 느껴져!
뜨끔
아니야, 아니야!
공부 못 해서
얼마나 아쉬운데!
에이~
공부할 의지가
별로 없는 것
같은데~.
뚱-
지금 전기가 없지,
내 의지가 없냐!
버럭
오~
에너지가 넘치네?
넘치는 에너지로
손전등이라도
찾아봐!
앗…

매운맛 강의 노트

세상을 움직이는 힘, 에너지!

생물이 살아가거나 기계가 움직이려면 **에너지**가 필요해. 과학에서 에너지가 있다는 것은 어떤 일을 할 능력을 지니고 있다는 뜻이야.
식물은 햇빛을 이용해 물과 이산화 탄소로 양분을 만들어 에너지를 얻고, 동물은 식물이나 다른 동물을 먹어 에너지를 얻어.
기계는 기름이나 전기 등으로부터 에너지를 얻지.
인간은 주로 음식에서 에너지를 얻어. 우리가 먹는 음식에는 탄수화물, 단백질, 지방 같은 영양소가 있는데, 이 영양소들은 몸속에서 분해되어 에너지로 바뀌어.

에너지는 석탄, 석유, 햇빛, 바람, 물 등 여러 가지 자원에서 얻을 수 있어.
이처럼 우리는 다양한 형태의 에너지를 이용해 살아가.

주변에서 볼 수 있는 에너지 형태는 여러 가지가 있어.

주위를 밝게 비추는 빛 에너지		예) 태양이 세상을 밝게 비춘다.
물체의 온도를 높이는 열에너지		예) 높은 온도의 열이 쇠를 녹인다.
생명 활동에 필요하며, 물질에 저장되어 있는 화학 에너지		예) 석탄·석유·나무·천연가스 등을 이용해 불을 피우고 기계를 작동한다.
전기 기구를 작동하게 하는 전기 에너지		예) 전기를 이용해 가전제품을 켠다.
움직이는 물체가 가지는 운동 에너지		예) 빠르게 달리는 자동차는 에너지를 가지고 있다.
높은 곳의 물체가 가지는 위치 에너지		예) 공을 던지면 높이 있을수록 에너지를 많이 가진다.

에너지 전환

내가 진짜
순한맛으로
보이니~?
우우우
우우
나는 매운맛도
아닌, 순한맛도 아닌
중간맛이다!
장난 그만!
이제 공부 시작!
휙
헤실
정전인데
어떻게 공부해?
헤실
공부할 의지 있다며?
손전등이 있으니
에너지 전환을 공부하면
되잖아!

손전등은 전기 에너지를 빛 에너지로 바꿔.
이렇게 에너지의 형태가 바뀌는 것을 에너지 전환이라고 해.
팟!
헛, 전기가 들어왔어!
다행이다. 이제 진짜 공부를 시작해 볼까?
이리 와!
순
끙…
지금까지 공부했잖아…!

매운맛 강의 노트

에너지는 변화를 좋아해!

에너지는 하나의 형태로 고정되어 있지 않고, 상황에 따라 다른 형태의 에너지로 바뀔 수 있어. 식물이 광합성을 할 때 태양의 빛 에너지가 식물의 양분이 되는 화학 에너지로 바뀌고, 수력 발전소의 물이 높은 곳에서 아래로 떨어지면서 회전 장치를 돌려 위치 에너지를 전기 에너지로 바꾸는 것처럼 말이야.

이렇게 자연 현상이나 일상생활에서 에너지의 형태가 바뀌는 것을 가리켜 **에너지 전환**이라고 해.

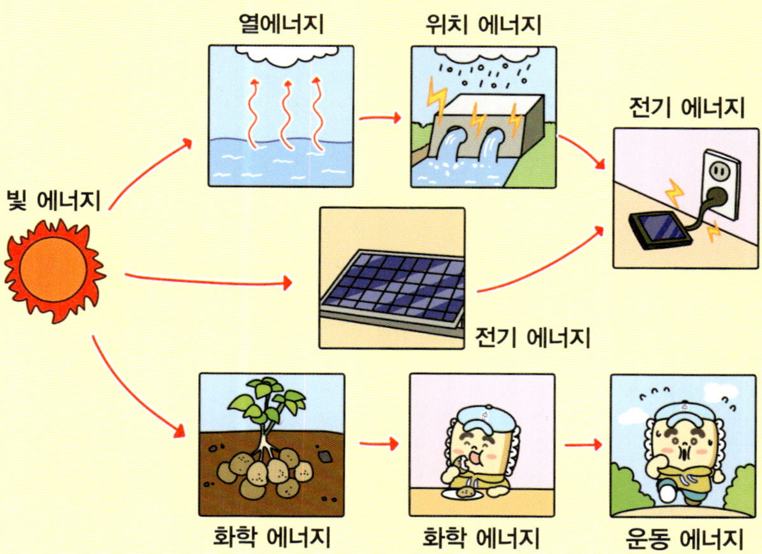

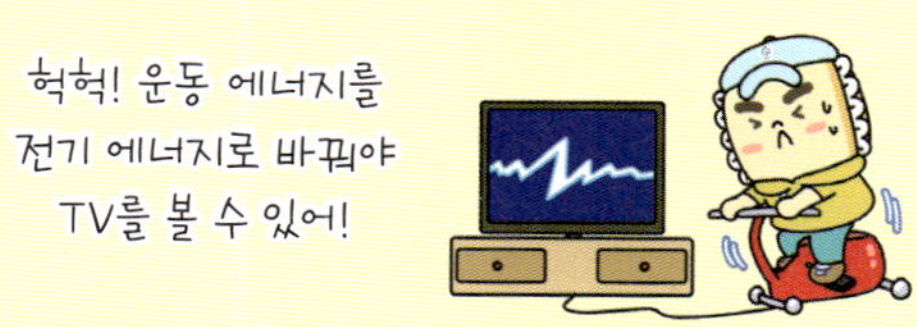

우리가 에너지를 얻을 때 사용하는 자원 중에는 그 양이 정해져 있는 것이 많아. 석탄, 석유, 천연가스 같은 자원이 대표적인 예야. 자원의 양이 정해져 있는 만큼, 우리는 에너지를 효율적으로 이용해 자원을 아껴야 해.

동물과 식물도 에너지를 효율적으로 사용하기 위해 다양한 노력을 해.
단풍나무나 은행나무 등은 추운 겨울이 오기 전 미리 잎을 떨어뜨려 잎으로 에너지가 빠져나가는 것을 막아.
곰이나 다람쥐 같은 동물은 가을 동안 충분히 먹어 몸속에 화학 에너지를 저장하고, 에너지를 덜 쓰기 위해 깊은 겨울잠에 빠지지.

사람들은 에너지 소비 효율이 높은 전기 기구를 이용해. 에너지 소비 효율 등급이 높은 제품을 사용하면 에너지를 절약할 수 있어.
또 건축물을 지을 때 단열 재료를 사용하지. 단열재는 열에너지가 건물 안팎으로 오가는 것을 막아. 여름날 에어컨이 만든 차가운 기운과 겨울날 보일러가 만든 따뜻한 기운이 건물 밖으로 빠져나가지 않게 돕는다는 뜻!

이 밖에도 사용하지 않는 전등 끄기, 에어컨이나 보일러를 적당한 온도로 이용하기 등 다양한 방법이 있으니, 함께 실천해 보자!

한 젓가락 더!

1 다음 설명을 읽고 맞으면 ○표, 틀리면 ×표 해 보세요.

(1) 물체의 무게가 무거울수록 움직일 때 큰 힘이 든다. (   )

(2) 지레, 빗면 등 도구를 쓰면 드는 힘의 크기를 줄일 수 있다. (   )

(3) 나사못은 지레의 원리를 이용한 도구이다. (   )

2 다음 전자제품에서 공통으로 이용한 장치가 무엇인지 써 보세요.

보기

(   )

3 과학 어휘와 설명을 알맞게 짝지어 보세요.

(1) 굴절 •

(2) 대류 •

(3) 전도 •

• ① 고체에서 온도가 높은 곳에서 온도가 낮은 곳으로 열이 이동하는 것

• ② 액체 또는 기체가 직접 이동하면서 열이 이동하는 것

• ③ 서로 다른 물질의 경계에서 빛이 꺾여 나가는 것

4 빛의 굴절 원리를 이용한 예로 옳지 않은 것을 모두 고르세요.

① 스피커　② 사진기　③ 현미경　④ 선풍기　⑤ 돋보기안경

5 빈칸에 들어갈 알맞은 말을 보기 에서 골라 각각 써 보세요.

보기　전기 에너지　열에너지　화학 에너지

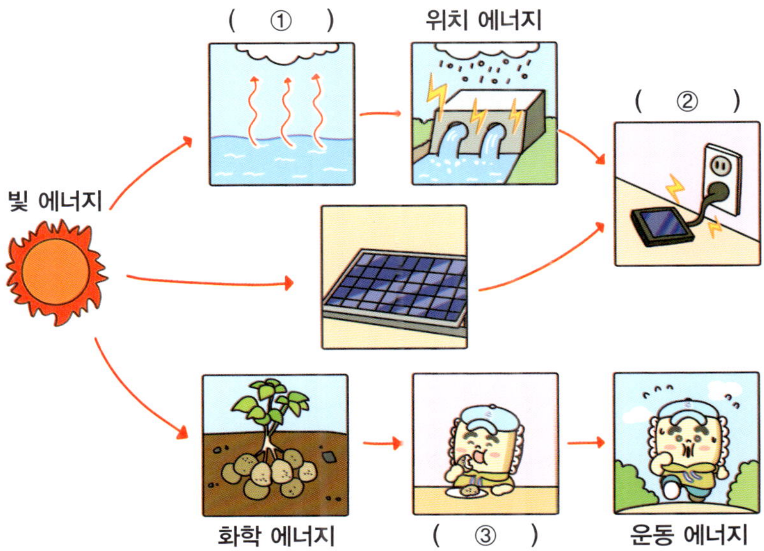

① (　　　　) ② (　　　　) ③ (　　　　)

에필로그

쪼르르
공을 왜 뜨거운 물에… 이게 뭐 하는 거야?
걱정
잠깐만 기다려 봐!
째깍
째깍
째깍
뽕
우아, 신기해!
꼭 마술 같아!
마술이 아니라 과학! 온도가 높아지면 공 안의 기체 부피가 늘어나 원래 형태로 돌아오거든!
훗

오~ 공부 열심히 했구나!
으쓱
순한맛, 다시 봤어!
하아….
재시험 통과할 수 있겠는데?
으쓱
얘들아, 너희 이거 봤어?
혹시! 재시험 공지?
〈중고 장터〉
0월 0일
* 우천 시 강당으로 오세요!
아니네?
좌
악

잠깐! 재시험 전에 한자어 먼저 짚고 갈까요?
다음 권 〈오해하면 큰일 나는 한자어 천재라면〉에서 만나요!

다른 그림 찾기!

두 그림을 비교해, 서로 다른 곳 9개를 찾아 오른쪽 그림에 표시하세요!

한 젓가락 더! 정답

1화 한 젓가락 더! (p. 54)

1 (1) × (2) ○ (3) ○

2 ① 분해 ② 버섯 ③ 곰팡이

3 (1) - ② (2) - ① (3) - ③

4 ⑤ 근육이 오그라들었다 펴졌다 하면서 뼈를 움직인다.

5 ① 식도 ② 위 ③ 큰창자

2화 한 젓가락 더! (p. 86)

1 (1) × (2) × (3) ○

2 ① 증발 ② 응결

3 (1) - ③ (2) - ① (3) - ②

4 ① 산성을 띠는 물질은 물에 녹으면 신맛을 낸다.

5 ① 온도 ② 부피

3화 한 젓가락 더! (p. 130)

1 (1) ○ (2) ○ (3) ×

2 마그마

3 ④ 지진으로 엘리베이터가 멈출 수 있으니 계단으로 대피한다.

4 (1) - ① (2) - ③ (3) - ②

5 ① 자전 ② 태양 ③ 계절

4화 한 젓가락 더! (p. 166)

1 (1) ○ (2) ○ (3) ×

2 전자석

3 (1) - ③ (2) - ② (3) - ①

4 ①, ④

5 ① 열에너지
② 전기 에너지
③ 화학 에너지

체크 체크 정답

1화 (p. 10)

괄호 안에 들어갈 과학 어휘 체크 체크!

생물의 분류에서 버섯은 (   )에 속한다.

- [ ] 동물
- [ ] 식물
- [x] 균류

2화 (p. 56)

아래 설명에 맞는 과학 어휘 체크 체크!

어떤 물질이 액체 상태에서
기체 상태로 변하는 것.

- [ ] 연소
- [x] 증발
- [ ] 순환

3화 (p. 88)

아래 설명에 맞는 과학 어휘 체크 체크!

지구가 태양을 중심으로 일 년에 한 바퀴씩
회전하는 것.

- [ ] 자전
- [x] 공전
- [ ] 상전

4화 (p. 132)

아래 설명에 맞는 과학 기구 체크 체크!

자석의 성질을 이용해 방향을 측정하는 기구.

- [ ] 현미경
- [ ] 돋보기
- [x] 나침반

다른 그림 찾기! 정답

지난 줄거리

함께라면 팀은 천재라면 대회에서 우승하지만,
시험 성적이 엉망인 순한맛이 방학 동안 보충 수업을 받게 되어
매직 누들 페스티벌에 참석하지 못할 위기에 처한다.
다행히 재시험을 통과하면 페스티벌에 참석할 수 있다는 소식을 듣고,
순한맛은 매운맛에게 도움을 청하는데….